T'es ROCK ou t'es ringue?

DANS LA MÊME COLLECTION :

Derrière le petit **ÉCRAN**
Carole Trébor & Clotka

La **TOILE** et toi
Philippe Godard & Marion Montaigne

Le **FRIC** c'est chic
Alexandre Messager & Pacco

(R)Évolution des **MUTANTS**
Jean-Baptiste de Panafieu & Benjamin Lefort

Direction éditoriale : Paola Grieco
Direction artistique : Marie Rébulard
Lecture/correction : Lauriane Chanal

www.gulfstream.fr

Loi 49-956 du 16 juillet 1949 sur les publications destinées à la jeunesse
ISBN : 978-2-35488-134-4

Béatrice Égémar
Emmanuel Brousse
Renart

T'es ROCK ou t'es ringue ?

Gulf Stream Éditeur

Les auteurs

Béatrice :

Que dire ? J'écoute du rock depuis toujours, Philippe Manœuvre est mon copain, et je vis avec des écouteurs sur les oreilles...

Emmanuel :

T'es pas crédible là-dessus, maman. Dis plutôt la vérité, ce sera plus simple !

Béatrice :

Tu crois ? Bon. J'écris des livres pour les enfants, je me suis spécialisée dans le roman historique... Tu penses vraiment que c'est mieux ?

Emmanuel :

C'est mal parti, mais continue, on verra bien.

Béatrice :

Puis un jour mon éditrice m'a proposé d'écrire un abécédaire rock...

Emmanuel :

Hé hé hé... Et tu as accepté ?

Béatrice :

Ben oui, évidemment, c'était trop marrant ! Puis je fais de la musique depuis toujours !

Emmanuel :

Mouais, du chant.

Béatrice :

Et alors ? Tu as quelque chose contre le chant ? Puis tu étais là, toi, tu t'y connais en rock et tu fais des études de journalisme ; on s'est partagé le travail.

*Nous voudrions remercier Paola Grieco
qui nous a confié ce beau projet
(et nous a permis de vivre pendant quelques mois
immergés dans le rock).*

*Nous dédions ce livre à nos rockers personnels,
Gabriel et Étienne !*

T'es ROCK ou t'es ringue ?

C'est quoi être rock ? Gratter une guitare et se faire plaisir avec ses potes ? Connaître tous les disques des Stones et de Metallica y compris les faces B ? Écouter sur le Net des groupes indonésiens inconnus ? Sans doute un peu tout ça, mais pas seulement ; être rock, c'est d'abord un état d'esprit, une manière de vivre à la fois rebelle et cool, qui permet de garder son humour et ses distances. Et bien sûr, il faut être fou de musique...

Mais le monde du rock est une vraie jungle où le pire côtoie le meilleur ; on y croise des dingues chevelus maquillés jusqu'aux doigts de pied, des personnages de manga à l'allure triste qui font à peine semblant de jouer ou des chanteurs en chemise de bûcheron, sans parler de ce qui se faisait il y a vingt ans, ou plus. Pas évident de s'y retrouver, c'est pour ça qu'on veut te donner un petit coup de main.

À travers des mots-clés, classés de A à Z, on va essayer de te raconter des histoires marrantes ou un peu incroyables qui reflètent bien l'état d'esprit déjanté et rebelle du rock'n'roll.

Alors évidemment on ne pourra pas parler de tout. Des groupes de rock il y en a des centaines et vingt-cinq livres comme celui-là ne suffiraient pas pour faire le tour des grands classiques. Ceci n'est pas le catalogue des 160 groupes cultes classés par ordre alphabétique ou les 300 meilleurs albums à s'offrir à tout prix. Plutôt un aperçu des grands thèmes du rock avec des anecdotes étonnantes, rigolotes et cent pour cent authentiques.

Un livre un peu sérieux mais pas trop où on parlera de Michael Jackson autant que de Marilyn Manson parce qu'après tout, le rock n'a pas de frontière et que c'est avant tout une question d'attitude. Est-ce que Ray Charles c'est du rock ? Est-ce que Madonna c'est du rock ? Ça peut se discuter à l'infini et on connaît des critiques prêts à s'étriper sur le sujet, mais on s'en fiche un peu, non ?

Tu ne trouveras pas ici le Saint Graal du rocker avec des études comparées des harmonies modales dans le heavy metal, ou des critiques pointues des solos de Led Zeppelin. Ni les différences de résonance entre les amplis de Nirvana en fonction de la pression atmosphérique. Par contre, que tu sois un fin connaisseur ou un débutant complet, tu devrais apprendre quelques trucs en passant, mine de rien. Des histoires absolument indispensables pour épater les copains, te donner envie de faire chauffer ton MP3 ou d'allumer ta chaîne.

PLACE TON POUCE
SUR LE BORD DES PAGES,
TOURNE-LES RAPIDEMENT
TU DÉCOUVRIRAS
L'ANIMATION

A
comme
AMATEUR

T'es ROCK ou t'es ringue ?

On ne devient pas une rock star remplissant les stades en l'espace de quelques jours.

Même si certains groupes se sont propulsés à une vitesse vertigineuse vers le haut du tableau, le point de départ de l'aventure se situe en général dans un garage ou la salle de spectacle du coin. Bien sûr, il est recommandé de savoir jouer un peu de musique avant de lancer son groupe, mais cela reste optionnel. On a du mal à le croire, mais Nikki Sixx, le fantasque bassiste de Mötley Crüe, a commencé le rock en apprenant que le groupe d'un ami n'avait personne à la basse. Comme en acheter une n'était pas à sa portée, il alla dans un magasin de musique avec un étui à guitare vide, et dès que le vendeur eut le dos tourné, il y mit discrètement une guitare et sortit. Déception en arrivant avec son nouvel instrument pour la première

répétition : « C'est pas une basse ça ! C'est une guitare, pauvre c** ! » Complètement débutant, Sixx n'avait pas su différencier les deux... Ce qui ne l'empêcha pas de bosser dur par la suite et d'atteindre un très bon niveau.

Trouver son public n'est pas non plus un exercice évident lors des débuts d'un groupe. Aujourd'hui, Green Day a vendu des dizaines de millions de disques, pourtant leur premier contrat a été signé après un concert devant une foule hystérique composée de... cinq spectateurs. Mais parmi eux, il y avait Larry Livermore, créateur du label Lookout! Records ; épaté par leur performance, il leur promit de sortir leur premier disque.

L'étape suivante pour percer : assurer les premières parties de groupes connus. Pas non plus très simple... Confrontés à un promoteur écossais pas très emballé à l'idée de les laisser jouer la première partie dans sa salle de concert, les membres d'Oasis sont allés jusqu'à menacer de mettre le feu au bâtiment pour réussir à jouer quatre chansons. Autant dire que la persévérance est une vertu nécessaire pour qui rêve de remplir les bacs à disques.

LIRE AUSSI

Amateur Amoureux Androgyne Angleterre Bootleg Border line Business Cheveux Cinéma CONCERT Dispute Double vie Drame Ego Engagé FANS Festivals Flower power, le rêve hippie Frenchie Guitare, amplis et autre matos Has been, démodé, ringue ! Humour Icône Internet Jean, santiag, perfecto, la panoplie historique... Jeu de scène Junkies King

T'es ROCK ou t'es ringue ?

Lâcheur Line up Look Malédiction des 27 ou «27 Club» Marketing Médias Moto Noir Noms Opéra Papys Paroles Pionniers Pochette Rockeuses Surnoms Tribunal Tube U.S.A. VIRTUOSE Whisky, alcool et autres boissons fortes Xylophone and co... Yéyé Zombies and co...

A comme AMOUREUX

Dans la catégorie « amour fusionnel », on ne fera pas mieux que John Lennon et Yoko Ono.

Alors que les Beatles sont à l'apogée de leur gloire, Lennon traverse une période de doute et rencontre Yoko Ono, une artiste japonaise, lors d'une exposition d'art conceptuel. C'est le coup de foudre ; séduit par le fort tempérament et l'originalité de Yoko, Lennon ne la quitte plus. Après leur mariage en 1969, ils passent une lune de miel originale dans un hôtel à Amsterdam : les journalistes sont invités à les rejoindre dans leur chambre. Rien de torride cependant : John et Yoko, qu'on avait vus nus sur la pochette de *Two Virgins*, sont cette fois sagement assis sur leur lit et parlent de paix. C'est le premier « Bed in for Peace » du couple...

A comme AMOUREUX

Ils ne se quittent plus. Lors de l'enregistrement d'*Abbey Road*, Yoko Ono, mal remise d'un accident de voiture, doit rester allongée. Pour ne pas quitter John, elle fait installer un lit dans le studio, équipé d'un micro pour qu'elle puisse faire critiques et commentaires pendant les séances.

L'ambiance au sein des Beatles est assez détestable et l'intrusion de la Japonaise n'arrange rien : le groupe se sépare. Yoko se taille une réputation exécrable auprès des fans : elle est la vilaine fée Carabosse, castratrice et autoritaire, qui a fait éclater le groupe. La réalité est sans doute plus compliquée...

Même défiance des fans quand Kurt Cobain, de Nirvana, tombe amoureux de Courtney Love. Elle est alors la chanteuse et guitariste du groupe grunge Hole, après avoir pas mal roulé sa bosse. Cobain, assez dépressif, craque pour cette fille délurée et ambitieuse au look trash et aux collants troués. Les mauvais esprits accusent Courtney de vouloir profiter de la célébrité de Nirvana. Le couple, très médiatisé, est sérieusement accro à l'héroïne; quand Courtney reconnaît en avoir pris pendant sa grossesse, la presse se déchaîne. L'enfant, une petite fille, leur est enlevée pour être confiée à sa tante. Après une longue bataille judiciaire ils en récupèrent la garde, mais ce battage médiatique

LIRE AUSSI

Amateur Amoureux Androgyne Angleterre Bootleg BORDER LINE Business Cheveux Cinéma Concert Dispute Double vie Drame Ego Engagé Fans Festivals Flower power, le rêve hippie Frenchie Guitare, amplis et autre matos Has been, démodé, ringue ! Humour ICÔNE Internet Jean, santiag, perfecto, la panoplie historique... Jeu de scène Junkies King

n'améliore pas l'état dépressif de Cobain. Quand il se tuera d'une balle dans la tête, Courtney la révoltée criera sa colère contre son mari…

Et Toc !

On sait tout des amours tumultueuses et médiatiques de la top model Kate Moss avec Peter Doherty, mais on ignore souvent que la belle a une vie très rock'n'roll. Elle a joué du tambourin sur un titre d'Oasis, (*Fade Away*), a chanté pour The Lemonheads, a fait des apparitions dans les clips de Marianne Faithfull et des White Stripes.

À la demande de Pete, Moss a même écrit plusieurs titres figurant sur l'album *Shotter's Nation* des Babyshambles, comme *French Dog Blues*.

Aux dernières nouvelles, Kate file le parfait amour avec le guitariste des Kills Jamie Hince et envisage de sortir un album rock en 2011.

A comme ANDROGYNE

Des tenues excentriques de Little Richard aux maquillages de Placebo, le rock a souvent véhiculé une image provocante mettant à mal la distinction entre masculin et féminin.

Certains artistes se sont forgé des personnages au-delà des codes classiques. Dès la fin des années 1970, Klaus Nomi et David Bowie jouent la carte de l'« extraterrestre », un personnage ni homme ni femme entouré d'une aura d'ambiguïté. Les évolutions de la mode et l'acceptation progressive de l'homosexualité et de ses codes vestimentaires ont fini par banaliser ce qui apparaissait auparavant comme choquant. Depuis la fin des années 1980, le look « yeux cernés de noir/cheveux aile de corbeau » de Cure est presque devenu un standard et voir des rockers maquillés n'offusque plus personne. Pourtant, chaque génération garde son

lot d'artistes capables de créer une nouvelle et intrigante image androgyne. Des Placebo et des Marilyn Manson sortent du lot et parviennent à surprendre ou à choquer en accentuant toujours plus le flou entre les sexes. Quitte à ce que cela devienne une marque de fabrique : pour Bill Kaulitz, le chanteur des jeunes Allemands de Tokio Hotel, le look androgyne est tout à fait assumé. « *Depuis que je suis tout petit, on me prend pour une fille. Quand j'étais au collège, il y avait des mecs qui me voyaient de loin et qui flashaient sur moi, jusqu'à ce qu'ils s'aperçoivent que j'étais un garçon... Ce genre de chose ne me touche plus, car je sais qui je suis.* »

Encore quelques années et un peu de mascara, et nul doute qu'il prendra les choses avec autant d'humour que Stefan Olsdal, le guitariste de Placebo, qui affirmait en plaisantant ne pas pouvoir emporter de portefeuille à cause de ses pantalons trop moulants.

LIRE AUSSI

Amateur Amoureux Androgyne Angleterre Bootleg Border line Business Cheveux Cinéma Concert Dispute Double vie Drame Ego Engagé Fans Festivals Flower power, le rêve hippie Frenchie Guitare, amplis et autre matos Has been, démodé, ringue ! Humour Icône Internet Jean, santiag, perfecto, la panoplie historique... Jeu de scène Junkies King

T'es ROCK ou t'es ringue ?

Lâcheur Line up **LOOK** Malédiction des 27 ou « 27 Club » **MARKETING** Médias Moto Noir Noms Opéra Papys Paroles Pionniers Pochette Rockeuses Surnoms Tribunal Tube U.S.A. Virtuose Whisky, alcool et autres boissons fortes Xylophone and co... Yéyé Zombies and co...

A comme ANGLETERRE

Depuis les Beatles, l'Union Jack flotte sur la planète du rock, et si celui-ci avait un passeport, il serait peut-être anglais.

Le succès des « quatre garçons dans le vent » a ouvert la voie à ce qu'il convient d'appeler la « British Invasion ». Né aux États-Unis en suivant les traces du blues, le rock va connaître une seconde jeunesse du côté de la vieille Europe, porté par les Beatles, les Rolling Stones, les Animals puis par The Who, Led Zeppelin et Queen. Depuis cette invasion des rockers d'outre-Manche, la créativité britannique n'a pas faibli.

D'abord marque de fabrique et fierté, le drapeau et la reine sont devenus des symboles de rejet dans les années 1980. Les Sex Pistols et leur hymne punk *God Save the Queen* ont sonné la charge contre les

institutions anglaises ; ils seront vite suivis par The Clash : le groupe ne cessera de dénoncer les maux de la société des années Thatcher.

Les années 1990 seront celles de la britpop avec un duel au sommet qui rythmera la décennie. Oasis et Blur, les frères ennemis, envahissent les radios du monde entier avec des avalanches de tubes comme *Live Forever* ou *Song 2*. Si l'issue du duel est restée incertaine, il est sûr que cette génération aura peiné à passer le cap des années 2000. Elle cédera sa place sous les feux des projecteurs à des groupes comme Arctic Monkeys ou Bloc Party qui sauront s'inspirer à la fois de la britpop et des sons électroniques du trip hop de Portishead ou de Massive Attack.

Si l'Angleterre a fourni au rock une bonne partie de ses légendes, il vaut toutefois mieux parler de rock britannique que de rock anglais : ce serait oublier un peu vite les Écossais (sans kilts, certes) de Franz Ferdinand ou les Gallois de Stereophonics. Quant au voisin irlandais, il n'est pas en reste puisque la patrie de la Guinness est également celle des Pogues et que le *Sunday bloody Sunday* de U2 se charge de rappeler de quel côté de la mer d'Irlande est née la bande à Bono.

LIRE AUSSI

Amateur Amoureux Androgyne Angleterre Bootleg Border line Business Cheveux Cinéma Concert DISPUTE Double vie Drame Ego Engagé Fans Festivals Flower power, le rêve hippie Frenchie Guitare, amplis et autre matos Has been, démodé, ringue ! Humour Icône Internet Jean, santiag, perfecto, la panoplie historique... Jeu de scène Junkies King Lâcheur

T'es ROCK ou t'es ringue ?

Line up Look Malédiction des 27 ou « 27 Club » Marketing Médias Moto Noir Noms Opéra Papys Paroles Pionniers Pochette Rockeuses Surnoms Tribunal Tube U.S.A. Virtuose Whisky, alcool et autres boissons fortes Xylophone and co... Yéyé Zombies and co...

B

comme

BOOTLEG

À la belle époque de la prohibition, Elliot Ness et ses incorruptibles traquaient les bootleggers, des gars innocents qui transportaient des bouteilles de soda dans le haut de leurs bottes.

Dans les années 1970, un bootleg est devenu la copie pas vraiment légale d'une œuvre musicale piratée, issue de trafics d'enregistrements de concerts, ou de la récupération d'inédits malencontreusement échappés des studios (parfois avec la complicité de l'artiste). Les meilleurs enregistrements sont recherchés par les fans et les collectionneurs.

Pirates du rock, les bootleggers ne sont pas à mettre dans le même sac que les vulgaires contrefacteurs copiant des CD à la chaîne : souvent passionnés de musique, ils font connaître à un large

public les émotions de concerts mythiques que les majors ne diffuseront jamais.

L'ingéniosité de certains pirates pour enregistrer en live est sans limites : Mike the Mike, un enregistreur fanatique des années 1970-1980, se faisait passer pour un handicapé, son fauteuil abritant tout le matos. Plus récemment, un bootlegger européen aurait caché ses micros dans les branches de lunettes très spéciales... Ce marché parallèle a lui aussi ses labels, souvent éphémères. Le plus célèbre, sans doute : TMOQ (Trade Mark of Quality) se reconnaît à son logo à tête de cochon fumeur de cigare dessiné par le graphiste William Stout (devenu, après sa période bootleg, un spécialiste des dessins de dinosaures). Bob Dylan, Led Zeppelin, The Who, les Beatles font partie des artistes les plus piratés. Quant au groupe The Grateful Dead, il acceptait les enregistrements pirates de ses concerts. Pareil pour Phish.

Dans les années 1990, le FBI infiltre les circuits de diffusion de disques pirates en provenance d'Europe. Nom de code : opération Goldmine. « Mr Big » (en fait le FBI) devient le principal importateur de bootlegs aux États-Unis. Il invite ses principaux fournisseurs à une réunion d'affaires à Disneyworld. Les grands patrons du bootleg du Vieux Continent font presque tous le dépla-

LIRE AUSSI

Amateur Amoureux Androgyne Angleterre Bootleg Border line **BUSINESS** Cheveux Cinéma Concert Dispute Double vie Drame Ego Engagé **FANS** Festivals Flower power, le rêve hippie Frenchie Guitare, amplis et autre matos Has been, démodé, ringue ! Humour Icône Internet Jean, santiag, perfecto, la panoplie historique... Jeu de scène Junkies King cement. Les agents fédéraux embarquent tout le monde en douceur au restaurant de l'hôtel ; Mickey et Donald s'étaient discrètement éclipsés. C'est la fin de la grande époque du bootleg.

Le terme bootleg a été scandaleusement piraté par les DJ pour désigner l'art de mixer deux chansons pour en faire un morceau. Ils auraient pu se contenter de parler de mashup, puisque c'est la même chose...

Et Toc !

Couché, Bootleg !

En 1972, Mike Oldfield enregistre pour Virgin le mythique *Tubular Bells* dans le studio d'enregistrement de Branson, un authentique manoir anglais. Le jeune Mike (il a 19 ans), stressé, a du mal à caler ses prises avec les pros du studio. Heureusement il y a Bootleg, le chien de Branson. Couché sous la table de mixage, il rassure la future star qui le prend en sympathie, au point de le faire apparaître sur la pochette de son album suivant. Merci le chien : Mike Oldfield et Virgin vendront 10 millions de *Tubular Bells*. Sans compter les bootlegs.

Lâcheur Line up Look Malédiction des 27 ou «27 Club» Marketing Médias Moto Noir Noms Opéra Papys Paroles Pionniers Pochette Rockeuses Surnoms TRIBUNAL Tube U.S.A. Virtuose Whisky, alcool et autres boissons fortes Xylophone and co... Yéyé Zombies and co...

B

comme

BORDER LINE

Des rock stars au psychisme fragile, il y en a toujours eu, et l'absorption de poudre, alcool et pilules diverses n'arrange pas les choses.

Le leader de Nirvana, Kurt Cobain, était dépressif et consommait de l'héroïne. Ses proches ont tenté de le convaincre de suivre une cure de désintoxication mais il se sauve de l'établissement au bout de vingt-quatre heures et disparaît. Malgré l'aide d'un détective et un avis de recherche, on le retrouvera mort, tué d'une balle dans la tête. Il laisse une lettre d'adieu, adressée à un personnage imaginaire, un ami qu'il s'était inventé quand il était enfant.

Autre incursion dans un univers virtuel : en 1972, David Bowie crée le personnage de Ziggy Stardust, en s'inspirant du rocker (bien réel) Vince

Taylor. Pur produit des années 1950, le pauvre Vince, à force de drogue et d'alcool, perd lentement la raison, se prend pour le fils de Dieu et attend l'atterrissage d'improbables OVNI. Après des séjours en prison et en hôpital psychiatrique, Vince Taylor meurt à 52 ans. Sa destinée fascine Bowie ; il fait de lui Ziggy, un androgyne musicien qui vient du ciel et y retournera, puisque Bowie « suicide » Ziggy symboliquement après une tournée triomphale. Avec le recul, David Bowie considère qu'il a mis en danger sa santé mentale en s'identifiant à Ziggy le mythomane...

Que dire enfin de Michael Jackson, qui refusait ses traits, sa peau noire, ne voulait pas vieillir et vivait dans la peur phobique des microbes avant de connaître la triste fin que l'on sait ?

LIRE AUSSI

Amateur Amoureux Androgyne Angleterre Bootleg Border line Business Cheveux Cinéma Concert Dispute Double vie DRAME Ego Engagé Fans Festivals Flower power, le rêve hippie Frenchie Guitare, amplis et autre matos Has been, démodé, ringue ! Humour Icône Internet Jean, santiag, perfecto, la panoplie historique... Jeu de scène JUNKIES King Lâcheur

Et Toc !

Le film et l'album des Pink Floyd, *The Wall*, traitent de la schizophrénie. Sujet sensible : Syd Barrett, l'un des membres fondateurs du groupe, a dû quitter les Floyd en raison de son comportement instable, lié entre autres à l'abus de LSD. Son désordre mental a fait parler de schizophrénie, sans que le diagnostic soit clairement établi. Roger Waters prétend d'ailleurs que *The Wall* n'est aucunement un hommage à Syd Barrett, mais plutôt une œuvre… autobiographique. Complètement schizophrène, par contre, le batteur Jim Gordon, de Derek and the Dominos (un des groupes d'Eric Clapton) a tué sa mère à coups de marteau lors d'une crise. Condamné à quatorze années de prison, il fut placé dans une institution pour malades mentaux, où il vit toujours aujourd'hui.

B

comme

BUSINESS

Dès sa naissance le rock est apparu comme un marché potentiellement juteux.

Pris en main par son manager le colonel Thomas Andrew Parker, Elvis Presley, à 20 ans, devient une immense star. Parker a convaincu Elvis de travailler avec lui en lui disant : « *Jeune homme, pour l'instant vous valez un million de dollars, bientôt vous les aurez comptant.* » Tout un programme !

Elvis meurt à 42 ans, mais le business lui survit : le King reste dans le peloton de tête des célébrités rapportant le plus d'argent. Il détient le record absolu de vente de disques : 1 milliard, dont une bonne partie vendus après sa mort !

Impossible donc de rivaliser avec le King, mais Michael Jackson se défend bien : son *Thriller* est l'album

single le plus vendu au monde avec la bagatelle de 104 millions d'exemplaires… et Michael a réalisé le clip le plus coûteux de l'histoire du rock : *Scream*. Il aura fallu pas moins de 7 millions de dollars et 10 studios d'enregistrement pour voir Bambi en apesanteur avec sa petite sœur Janet… Beaucoup d'argent investi également dans *Chinese Democracy*, l'album des Guns N' Roses : on parle de 20 millions de dollars !

Pas étonnant que certains artistes aient bâti de véritables fortunes… sur le rock ; dans le top ten des rockers richissimes, les Rolling Stones (Jagger en tête, ce qui n'étonnera personne), les Pink Floyd et Led Zeppelin occupent les premières places…

LIRE AUSSI

Amateur Amoureux Androgyne Angleterre Bootleg Border line Business Cheveux Cinéma Concert Dispute Double vie Drame Ego Engagé Fans Festivals Flower power, le rêve hippie Frenchie Guitare, amplis et autre matos Has been, démodé, ringue ! Humour ICÔNE Internet Jean, santiag, perfecto, la panoplie historique… Jeu de scène Junkies KING Lâcheur

Et Toc!

Le business rock, un piège ?

L'éditeur du jeu *Guitar Hero* rêve depuis longtemps de créer un « Kurt Cobain » virtuel. Il obtient l'autorisation des ex-membres de Nirvana, et de la veuve du guitariste, Courtney Love. Courtney fournit des photos pour que l'avatar de Cobain soit le plus ressemblant possible, tout se passe bien jusqu'à la sortie du jeu, et là c'est le choc : la veuve et les ex-Nirvana découvrent que Cobain peut être utilisé pour jouer n'importe quel morceau. Courtney sort ses griffes et contacte son avocat. Certes, on peut comprendre qu'il soit dur d'imaginer Cobain grattant la guitare aux côtés d'Elton John au piano sur *Saturday Night's Alright*, mais il aurait mieux valu y penser avant de signer, Courtney...

C comme CHEVEUX

De haut en bas et de gauche à droite : Slash, Debbie Harry (Blondie), John Lennon, Janis Joplin, Robert Smith (The Cure), Iggy Pop, Lenny Kravitz, Johnny Rotten (Sex Pistols), Lemmy (Motörhead), Billy Gibbons (ZZ Top), M, Beth Ditto.

T'es ROCK ou t'es ringue ?

Très soucieux de son look, le rocker prend grand soin de son système pileux.

De la banane gominée des années 1950 à la coupe en pétard façon manga, en passant par la crête iroquoise sur crâne rasé des années punk, on aura tout vu, ou presque. Méprisant les aléas de la mode, fut-elle rock, certains ont opté pour un look particulier et ils s'y tiennent.

Ainsi Iggy Pop exhibe depuis des années de longs cheveux blonds filasse, Brian May (de Queen) une coiffure néo-Louis XIV avec cheveux bouclés cascadant sur les épaules. Cheveux longs également pour Amy Winehouse et son inimitable chignon-choucroute noir corbeau, ou Slash, ex-guitariste de Guns N' Roses, et ses ressorts vitaminés (surmontés d'un chapeau

haut-de-forme). Rob Halford, de Judas Priest, a réglé le problème délicat du look capillaire en optant pour une boule à zéro lustrée façon Monsieur Propre...

Certains, comme Franck Zappa ou Freddie Mercury, ont osé la moustache mais sans faire d'émules, ou si peu. Pour finir en beauté, impossible de ne pas citer les ZZ Top et leurs longues barbes de druides. Curieusement, le seul membre du groupe à être resté glabre s'appelle Frank « Beard » (barbe, en anglais).

La création capillaire la plus farfelue est assurément celle de Matthieu Chédid, « M », puisque sa coiffure dessine l'initiale de son prénom...

LIRE AUSSI

Amateur Amoureux Androgyne Angleterre Bootleg Border line Business Cheveux Cinéma Concert Dispute Double vie Drame Ego Engagé Fans Festivals Flower power, le rêve hippie Frenchie Guitare, amplis et autre matos HAS BEEN, DÉMODÉ, RINGUE ! Humour Icône Internet Jean, santiag, perfecto, la panoplie historique... Jeu de scène Junkies King

Et Toc !

En 1984 la société Gillette a offert à Gibbons et Hill, des ZZ Top, un million de dollars pour tourner dans un spot publicitaire où ils raseraient leur barbe, mais ils ont refusé.

C
comme
CINÉMA

Deux grands films ont marqué profondément le monde du rock : *L'Équipée sauvage,* un film de Laszlo Benedek avec Marlon Brando, sort en 1953. Il met en scène deux bandes de motards qui sèment la terreur dans une petite ville tranquille. Inspiré d'un fait divers, le film fait scandale parce qu'il met en lumière le mal-être d'une certaine partie de la jeunesse ; ces loubards en blouson de cuir, superbement campés par Brando et Lee Marvin, sont beaux, attirants, et dangereux.

Deux ans plus tard, *La Fureur de vivre,* de Nicholas Ray, joué par James Dean et Natalie Wood, retrace vingt-quatre heures de la vie de trois adolescents en quête de repères. La fin tragique de James Dean, un mois avant la sortie du film, contribue à faire de lui un mythe et un énorme succès.

C comme CINÉMA

Brando et Dean, ces « rebelles sans cause », deviennent des symboles de la rock and roll attitude et influenceront durablement ses codes, à commencer par le style vestimentaire.

Inversement, le cinéma s'intéresse au rock. En débauchant des rock stars, tout d'abord, pour assurer un succès commercial : depuis Elvis Presley, qui a ouvert la voie, on ne compte plus les rockers passés sur les plateaux, souvent pour jouer dans des films sans intérêt mais parfois pour collaborer à des œuvres plus exigeantes comme David Bowie qui tourna dans *Furyo* de Oshima.

Le rock est aussi un sujet de film : le « biopic », ou film biographique, est un genre qui se marie à merveille avec le rock. Johnny Cash, Jerry Lee Lewis ou le chanteur disparu de Joy Division, Ian Curtis, ont d'ores et déjà un film sur leur vie.

Plus inattendu, Jean-Luc Godard a consacré un film aux Rolling Stones : *Sympathy for the Devil* quelques années avant Martin Scorsese qui s'attellera lui aussi à l'exercice avec *Shine the Light*.

Il est impossible de citer tous les cinéastes influencés par la culture rock ; contentons-nous d'Alex Cox (son *Repo Man* est un manifeste punk complètement débridé), Jim Jarmusch

LIRE AUSSI

Amateur Amoureux Androgyne Angleterre Bootleg Border line Business Cheveux Cinéma Concert Dispute Double vie Drame Ego Engagé Fans Festivals Flower power, le rêve hippie Frenchie Guitare, amplis et autresmatos Has been, démodé, ringue ! Humour ICÔNE Internet JEAN,SANTIAG, PERFECTO, LA PANOPLIE HISTORIQUE... Jeu

(*Broken Flowers*, *Mystery Train*), Wim Wenders (*Paris Texas*), Quentin Tarantino (*Pulp Fiction*).

Et Toc !

Le premier film qui a utilisé un morceau de rock comme bande-son fut *Graine de violence* de Richard Brooks, en 1955 ; la musique était le fameux *Rock Around the Clock* de Bill Haley. Utilisés comme bandes originales, certains morceaux sont désormais associés au cinéma, comme *Where Is my Mind ?* des Pixies à la fin de *Fight Club* ou *Sympathy for the Devil* dans *Entretien avec un vampire*.

C

comme

CONCERT

Qui dit rock dit concert. Petite salle intimiste ou stades immenses, à chaque groupe son public, mais le passage sur scène est une étape obligatoire.

Jeux de scène, décors, improvisations, chacun a sa façon de communiquer avec son public. Quitte à ne pas faire les choses à moitié : Wayne Coyne, le chanteur des Flaming Lips, a pour habitude de chanter « sur » les spectateurs, grâce à une technique très particulière : il entre à l'intérieur d'une bulle gonflable géante et roule littéralement sur les bras tendus des fans, tout en interprétant les titres bizarroïdes du groupe.

Tous les concerts ne sont pas aussi hors du commun mais il serait néanmoins fort long de citer ne serait-ce qu'un dixième

des représentations ayant tourné au grand n'importe quoi. Batailles de boue avec le public au festival de Woodstock de 1994 (Green Day), spectateurs agressés par le chanteur (Guns N' Roses), instruments détruits... les concerts sont pour un groupe l'occasion de se lâcher tout en se forgeant une réputation.

Enfin, quelques records : le plus grand concert de l'histoire du rock a eu lieu en 1994 sur la plage brésilienne de Copacabana. 3,5 millions de personnes étaient alors venues écouter Rod Stewart, soit encore plus que la foule présente au carnaval de Rio ! La deuxième place revient au festival Monsters of rock en Russie juste après la chute du mur de Berlin ; plus d'un million de personnes s'étaient déplacées pour écouter Pantera, Metallica et AC/DC. De quoi faire du bruit, mais pas autant que Manowar : le groupe de heavy metal américain est entré dans le Guinness des records comme « groupe le plus bruyant du monde » avec des pointes à 139 décibels. C'est à peu près le niveau sonore d'un avion au décollage et c'est bien assez pour endommager sévèrement l'audition. Cet « exploit » a été rendu possible grâce à un matériel intégralement customisé, permettant ainsi au groupe de voler la vedette à Mercury Rev qui avait pourtant frappé fort en étant expulsé du festival Lollapalooza pour niveau sonore excessif.

LIRE AUSSI

Amateur Amoureux Androgyne Angleterre Bootleg Border line Business Cheveux Cinéma Concert Dispute Double vie Drame Ego Engagé FANS FESTIVALS Flower power, le rêve hippie Frenchie Guitare, amplis et autre matos Has been, démodé, ringue ! Humour Icône Internet Jean, santiag, perfecto, la panoplie historique... JEU DE SCÈNE Junkies King

T'es ROCK ou t'es ringue ?

Lâcheur Line up Look Malédiction des 27 ou «27 Club» Marketing Médias Moto Noir Noms Opéra Papys Paroles Pionniers Pochette Rockeuses Surnoms Tribunal Tube U.S.A. Virtuose Whisky, alcool et autres boissons fortes Xylophone and co... Yéyé Zombies and co...

D comme DISPUTE

T'es ROCK ou t'es ringue ?

Les rockers ont souvent un sale caractère. Si certains groupes sont sages comme des images et ne font guère parler d'eux pour leurs frasques (U2, Franz Ferdinand...), d'autres ont un goût immodéré pour la baston et les altercations parfois violentes.

Champions en la matière : Oasis. Les deux frères Gallagher ont donné au groupe une réputation sulfureuse et en sont venus aux mains des dizaines de fois. Parmi les anecdotes les plus savoureuses de la fratrie de Manchester, on n'oubliera pas de citer le jour où Liam est arrivé fin soûl accompagné d'une escouade de poivrots pour aller s'amuser avec les guitares de son frère. Noel a alors chassé toute la bande, Liam compris, à coups de batte de cricket jusqu'à ce qu'ils soient tous en fuite dans la rue. Les disputes des frères

Gallagher finiront par coûter très cher à Oasis qui se séparera après une énième altercation avant le festival Rock en Seine...

Tous n'en viennent pas aux mains quand ils ne s'aiment plus. Entre Slash, le génial guitariste de Guns N' Roses, et Axl Rose, le chanteur caractériel, c'est par déclarations interposées qu'on s'envoie des amabilités. Pas si mal quand on sait qu'Axl Rose est bien connu pour sa fâcheuse tendance à taper sur les paparazzis et qu'il lui arrive de temps en temps de cogner sur les fans qui prennent des photos pendant les concerts...

Enfin, il arrive que les disputes concernent des membres de groupes différents. Un exercice dans lequel Oasis s'est aussi distingué, notamment en se montrant déplaisant avec ses concurrents de Blur. Noel Gallagher a ainsi souhaité à Damon Albarn de « *mourir du SIDA* ». Après un miniscandale, il a rectifié ses propos en affirmant qu'il s'était emporté et ne leur souhaitait finalement qu'une « *bonne grippe* ».

LIRE AUSSI

Amateur Amoureux Androgyne Angleterre Bootleg Border line Business Cheveux Cinéma Concert Dispute Double vie Drame EGO Engagé Fans Festivals Flower power, le rêve hippie Frenchie Guitare, amplis et autre matos Has been, démodé, ringue ! Humour Icône Internet Jean, santiag, perfecto, la panoplie historique... Jeu de scène Junkies King Lâcheur

T'es ROCK ou t'es ringue ?

Line up Look Malédiction des 27 ou «27 Club» Marketing Médias Moto Noir Noms Opéra Papys Paroles Pionniers Pochette Rockeuses Surnoms Tribunal Tube U.S.A. Virtuose Whisky, alcool et autres boissons fortes Xylophone and co... Yéyé Zombies and co...

D comme DOUBLE VIE

Certains rockers ne dépensent pas toute leur énergie sur scène, il leur en reste pour s'adonner à d'autres occupations.

Ainsi Brian May : on ignore trop souvent que le guitariste du légendaire groupe britannique Queen a une passion pour l'astrophysique ! Il a interrompu ses études pour se consacrer à la guitare (il faut bien que jeunesse se passe) mais après les succès planétaires du groupe, il s'est remis aux choses sérieuses. En 2006, il retourne sur les bancs de la fac et obtient son doctorat d'astrophysique ; il a été nommé chancelier honoraire de l'université John Moores de Liverpool en Angleterre, une fonction dans laquelle il succède à Cherie Blair, épouse de l'ancien ministre britannique Tony Blair (on note d'ailleurs une étrange similitude dans la coiffure...).

Cerise sur le gâteau : on a donné son nom à un astéroïde : « Asteroid 52665 Brianmay ».

Autre parcours totalement atypique : celui de Bruce Dickinson, chanteur d'Iron Maiden. Les fans de la Vierge de Fer n'ignorent pas qu'il est le seul du groupe à avoir les cheveux courts. Une bonne raison à cela : Bruce, quand il ne hurle pas devant Eddie le Zombie, est pilote de ligne ! Il est commandant de bord pour la compagnie *Astraeus*, et quand Iron Maiden doit se déplacer, il pilote lui-même le Boeing 747 du groupe, décoré de leur logo sur les flancs, et de l'horrible Eddie le Zombie sur la queue. Le site officiel d'Iron Maiden avait lancé un concours auprès des fans pour baptiser l'engin ; après avoir épluché les 2000 réponses, le groupe a choisi : ce sera Ed Force One. Ed, pour Eddie, bien sûr.

Bruce Dickinson est également un champion d'escrime, traînant son fleuret d'une tournée à l'autre. Il a fait partie de l'équipe qui représentait l'Angleterre aux championnats d'Europe.

Avec toutes ces performances, pas étonnant que Bruce ait un mode de vie relativement clean : « *Notre seule drogue, plaisante-t-il, c'est une tasse de thé...* »

LIRE AUSSI

Amateur Amoureux Androgyne Angleterre Bootleg BORDER LINE Business Cheveux Cinéma Concert Dispute Double vie Drame Ego Engagé Fans Festivals Flower power, le rêve hippie Frenchie Guitare, amplis et autre matos Has been, démodé, ringue ! Humour Icône Internet Jean, santiag, perfecto, la panoplie historique... Jeu de scène Junkies King Lâcheur

T'es ROCK ou t'es ringue ?

Line up Look Malédiction des 27 ou « 27 Club » Marketing Médias Moto Noir Noms Opéra Papys Paroles Pionniers Pochette Rockeuses Surnoms Tribunal Tube U.S.A. Virtuose Whisky, alcool et autres boissons fortes Xylophone and co... Yéyé Zombies and co...

D comme DRAME

La vie n'est pas toujours rose, dans le rock comme ailleurs.

L'histoire de la musique est parsemée de belles histoires et de destinées incroyables mais aussi de tragédies et de carrières brisées. Les excès de drogue ou d'alcool ne sont pas les seuls pourvoyeurs de malheurs, bien que la faucheuse ait posé le grappin sur plusieurs étoiles du rock victimes d'overdoses.

Parfois la malchance est seule responsable. En pleine tournée scandinave, le chauffeur du bus de Metallica perd le contrôle de son véhicule. Après une violente embardée, le bassiste Cliff Burton est éjecté par la fenêtre et écrasé par le bus. Il meurt sur le coup à 24 ans.

Autre victime d'accident : le génial guitariste Stevie Ray Vaughan disparaîtra dans un crash d'hélicoptère au beau milieu du Wisconsin. Ironie du sort, Vaughan avait ce jour-là pris la place d'Eric Clapton dans l'appareil, comme si la mort avait hésité entre deux guitaristes. Eric « God » Clapton n'échappera pourtant pas au malheur. Quelques mois plus tard, son fils Connor meurt en chutant du 53e étage de l'appartement new-yorkais du chanteur. La tragédie inspirera la chanson *Tears in Heaven* (des larmes au paradis) qui, faute de rendre son enfant au guitariste, deviendra néanmoins une de ses plus fameuses ballades.

Le moins chanceux reste pourtant Mark Oliver Everett, alias E. Le leader du groupe californien Eels a consécutivement perdu son père, appris le suicide de sa sœur schizophrène, enduré le décès de sa mère après un cancer du poumon et fait le deuil de sa cousine présente dans l'avion qui s'est écrasé sur le Pentagone lors des attentats du 11 septembre. On peut comprendre que ses textes soient plutôt noirs et jettent un regard parfois désabusé sur la vie et la famille...

LIRE AUSSI

Amateur Amoureux Androgyne Angleterre Bootleg Border line Business Cheveux Cinéma Concert Dispute Double vie Drame Ego Engagé Fans Festivals Flower power, le rêve hippie Frenchie Guitare, amplis et autre matos Has been, démodé, ringue ! Humour Icône Internet Jean, santiag, perfecto, la panoplie historique... Jeu de scène JUNKIES King Lâcheur

Et Toc !

Stevie Ray Vaughan ne fut pas la première victime des transports aériens. Alors que le rock n'en était qu'à ses débuts, Buddy Holly et Ritchie Valens, le compositeur de la fameuse *Bamba*, disparaissaient dans un accident d'avion. Un drame qui aurait pu être évité sans une panne de climatisation : le voyage avait été effectué par les airs car le bus qui devait les conduire dans le Dakota du Nord était devenu si glacial que le bassiste de Buddy Holly en avait attrapé des engelures aux mains.

E

comme

EGO

Impossible de parler d'ego sans mentionner l'inénarrable Axl Rose.

Le chanteur des Guns N' Roses s'est fait une spécialité des coups de sang et des caprices de star. Ses sautes d'humeur et son ego surdimensionné sont considérés par la plupart des fans comme les principales causes du déclin du groupe. Retards à répétition, démolition de chambres d'hôtel, la liste des frasques de Rose et de ses déclarations mégalos est interminable, ce qui lui a valu un nombre considérable d'inimitiés. À Saint-Louis, en plein concert, il n'a pas hésité à sauter sur un fan qui avait eu la mauvaise idée de le filmer ; résultat : une émeute ! Eh oui, Axl veut maîtriser son image et ne se trouve pas photogénique...

Moins adepte des fantaisies prétentieuses, Kurt

Cobain n'hésita pas à critiquer ouvertement le leader des Guns : « Quand monsieur Axl Rose fait attendre le public deux heures debout dans un stade parce qu'il a mal au ventre, c'est pas un trip de superstar à la c** ? »

Dans le genre peu modeste, les frères Gallagher occupent aussi une place de choix. Mais les mégalos du rock peuvent se consoler : s'ils écrivent vraiment de bonnes chansons, on finira par passer l'éponge sur leurs chevilles enflées. La preuve, quarante ans après la séparation des Beatles, le Vatican a officiellement pardonné la fameuse phrase de John Lennon : « Les Beatles sont plus connus que Jésus. » On peut le lire dans le journal officiel du Saint-Siège, *L'Osservatore Romano*. Tout vient à point à qui sait chanter.

LIRE AUSSI

Amateur Amoureux Androgyne Angleterre Bootleg Border line Business Cheveux Cinéma Concert Dispute Double vie Drame Ego Engagé Fans Festivals Flower power, le rêve hippie Frenchie Guitare, amplis et autresmatos Has been, démodé, ringue ! Humour Icône Internet Jean, santiag, perfecto, la panoplie historique... Jeu de scène Junkies King

Et Toc !

Certains rockers assument leur ego surdimensionné avec humour. Ainsi Lou Reed : « Je suis un artiste et ça signifie que je peux être aussi égocentrique que je le veux. » Chez d'autres, l'autosatisfaction vire à la pathologie ; dans cette catégorie, les frères Gallagher (Oasis) sont hors concours : Noel : « C'est très dur d'être modeste de nos jours, alors je ne veux pas essayer : vous êtes tous de la merde. » Liam : « Cet album va faire un malheur. On chante mieux, on joue mieux, les chansons sont meilleures… Et moi, je suis plus beau que l'an dernier. »

LÂCHEUR Line up Look Malédiction des 27 ou « 27 Club » Marketing Médias Moto Noir Noms Opéra Papys Paroles Pionniers Pochette Rockeuses Surnoms Tribunal Tube U.S.A. Virtuose Whisky, alcool et autres boissons fortes Xylophone and co… Yéyé Zombies and co…

E

comme

ENGAGÉ

Les opinions d'un chanteur se découvrent d'abord à travers ses chansons : ainsi, au moment de la guerre du Viêt-nam, Tom Paxton (*Lyndon Johnson Told to the Nation*), Jimi Hendrix, Bob Dylan, Neil Young et beaucoup d'autres ont pris ouvertement position en critiquant l'attitude du gouvernement américain.

Mais les années 1980 ont vu apparaître une autre forme de communication : il ne s'agit plus seulement d'écrire des textes engagés ou de dénoncer une injustice mais de collecter des fonds.

1984 représente l'année charnière pour ce « rock bonne cause » : invité par la BBC, le chanteur Bob Geldof (qui a aussi tourné dans le film *The Wall*) utilise son temps d'antenne pour proposer de réaliser un disque au bénéfice de l'Éthiopie,

cruellement touchée par la famine, au lieu de faire la promotion de son dernier album. Le concept fait son chemin, et Geldof recrute quarante-cinq artistes dont David Bowie, Sting, Bono, Paul McCartney, pour lancer le Band Aid. Leur premier single remporte un immense succès et inspire à Geldof une idée plus ambitieuse, le Live Aid : deux concerts à vocation humanitaire, à Londres et à Philadelphie. Queen, Clapton, Led Zeppelin, les Rolling Stones, BB King, The Who, U2 et des dizaines de groupes de renommée mondiale acceptent de jouer ; les concerts seront vus par 1,5 milliard de téléspectateurs.

Vingt ans plus tard, en 2005, Geldof organise une nouvelle édition, le Live 8, où une pléthore d'artistes jouent pour réclamer l'annulation de la dette publique des pays les plus pauvres, dans l'espoir d'influencer les pays riches réunis au sommet du G8.

« Bonne cause » ne rime pas toujours avec humanitaire. Neil Young a lancé un Farm Aid pour les familles de fermiers désargentées des États-Unis alors que d'autres, à l'instar de The Clash, profitent de la musique pour véhiculer des slogans politiques. Quitte à dépasser les limites : certains groupes de « rock anticommuniste » ont sorti des disques avec des pochettes ornées de croix gammées.

LIRE AUSSI

Amateur Amoureux Androgyne Angleterre Bootleg Border line Business Cheveux Cinéma CONCERT Dispute Double vie Drame Ego Engagé Fans FESTIVALS Flower power, le rêve hippie Frenchie Guitare, amplis et autre matos Has been, démodé, ringue ! Humour Icône Internet Jean, santiag, perfecto, la panoplie historique… Jeu de scène Junkies King

Et Toc!

Bob Geldof est soutenu par une immense partie des musiciens de rock, mais il ne fait pas pour autant l'unanimité. À l'occasion du Live 8, une petite maison de disques spécialisée dans le metal extrême a sorti une *Anti-Geldof Compilation* où des groupes dénoncent « cette idéologie répugnante qui se terre derrière les grossières diatribes de Geldof et l'universalisme ronflant associés à la campagne bien-pensante contre la pauvreté ».

Lâcheur Line up Look Malédiction des 27 ou «27 Club» Marketing Médias Moto Noir Noms Opéra Papys **PAROLES** Pionniers Pochette Rockeuses Surnoms Tribunal Tube U.S.A. Virtuose Whisky, alcool et autres boissons fortes Xylophone and co... Yéyé Zombies and co...

F

comme

FANS

T'es ROCK ou t'es ringue ?

Entre les rockers et leur public, c'est l'amour passion. Depuis les débuts du rock, des fans hystériques trépignent et hurlent devant leurs idoles.

Elvis Presley déchaînait les foules ; un jour, ne sachant comment calmer les grappes d'adolescentes incontrôlables qui essayaient de voir le King à la sortie d'une émission télé, son producteur annonce « *Elvis has left the building* » (« Elvis a quitté l'immeuble »). Cette phrase, reprise à la fin de chaque concert du King, devient une sorte de rituel qui donne au public le signal du départ !

L'Angleterre des années 1960 est en proie à la Beatlemania : toutes les filles sont amoureuses de Paul ou John tandis que les garçons copient leur frange. À chaque apparition du groupe, c'est le délire, les filles hurlent, s'évanouissent, pleurent...

F comme FANS

Certains concerts des Beatles sont quasiment inaudibles à cause des hurlements de leurs fans !

Pour écouter ou voir leurs idoles, certains sont prêts à toutes les folies : en 2007, un fan de Led Zeppelin n'a pas hésité à débourser 83 000 livres (116 000 euros) pour acheter deux billets de concert du groupe mythique à Londres.

Parfois le fan déchaîné devient effrayant : ainsi une spectatrice d'un concert de U2 a sauté sur scène et s'est enchaînée à la botte de Bono qui a quitté la scène en chaussettes. Plus grave, Noel Gallagher a été agressé par un fan lors d'un concert à Toronto ; bilan : trois côtes cassées et une partie de la tournée annulée. Il faut dire qu'il était tombé sur des enceintes (c'est du costaud).

LIRE AUSSI

Amateur Amoureux Androgyne Angleterre Bootleg Border line Business Cheveux Cinéma CONCERT Dispute Double vie Drame Ego Engagé Fans Festivals Flower power, le rêve hippie Frenchie Guitare, amplis et autre matos Has been, démodé, ringue ! Humour ICÔNE Internet Jean, santiag, perfecto, la panoplie historique... Jeu de scène Junkies King Lâcheur

Et Toc !

En 1977, Keith Richards est arrêté à Toronto, en possession de 22 grammes d'héroïne ; il risque sept ans de prison ! C'est une fan aveugle qui va lui sauver la mise : elle se rend au domicile du juge et le convainc de rendre une sentence originale : les Rolling Stones sont condamnés à donner un concert au bénéfice des aveugles. Dix-sept ans plus tard, de retour au Canada, les Stones retrouveront la jeune fille et l'inviteront. Pour Keith Richards, c'est grâce à cet « ange aveugle » que le groupe a abandonné la drogue et est devenu ce qu'il est.

F

comme

FESTIVALS

Grands-messes attirant des milliers de spectateurs, les festivals font depuis longtemps partie du paysage rock'n'roll.

En 1967, le groupe The Mamas & the Papas organise la première édition du festival de Monterey. La Californie vibre trois jours au son des solos des Who, des Byrds et des Animals et le public assiste à un incroyable concert d'Hendrix où le virtuose incendie sa guitare sur scène et joue *Hey Joe* avec les dents. Le festival est une totale réussite et le mouvement hippie adhère au concept. Deux ans plus tard, Woodstock est noir de monde et une des pages les plus fameuses de l'histoire du rock s'écrit devant 550 000 personnes. Sur le terrain du fermier Max Yadlum, les festivaliers vivent pendant quelques jours dans une ambiance de partage et de rejet du consumérisme alors que les

hélicoptères de l'armée sont réquisitionnés pour envoyer nourriture et médicaments. Woodstock devient le symbole de la contre-culture hippie et dépassera le simple cadre de la musique pour devenir un véritable événement historique. En Europe, les premiers festivals apparaissent aussi, comme celui de l'île de Wight ou de Roskilde, au Danemark. Petit à petit, les manifestations se multiplient et se diversifient : des festivals spécialisés, itinérants voire interdits font leur apparition. Dans les années 1990 et 2000, les États-Unis hériteront du festival alternatif de Lollapalooza alors que l'Europe hébergera les grands rendez-vous du metal : Hellfest, Wacken Open Air... La France ne sera pas en reste en devenant peu à peu un grand pays de festivals. Rock en Seine, les Eurockéennes, la Route du rock ou les Vieilles Charrues attirent chaque année des groupes de renommée mondiale.

LIRE AUSSI

Amateur Amoureux Androgyne Angleterre Bootleg Border line Business Cheveux Cinéma CONCERT Dispute Double vie Drame Ego Engagé FANS Festivals FLOWER POWER, LE RÊVE HIPPIE Frenchie Guitare, amplis et autre matos Has been, démodé, ringue ! Humour Icône Internet Jean, santiag, perfecto, la panoplie historique... Jeu de scène Junkies King

Et Toc !

Woodstock aura été le théâtre de quelques événements tragiques ou insolites. Trois décès et deux naissances auront lieu pendant le festival ainsi que le plus grand embouteillage de l'histoire des États-Unis.

P

comme

FLOWER POWER, LE RÊVE HIPPIE

Lors du Summer of Love, un grand rassemblement à San Francisco en 1967, des milliers de jeunes se réunissent pour célébrer la contre-culture hippie.

Signe distinctif, ils ont des fleurs dans les cheveux (longs) et les distribuent aux passants, en signe d'amour et de paix. C'est le « Flower Power », le pouvoir des fleurs, consacré par la chanson *San Francisco* :

If you're going to San Francisco,
be sure to wear some flowers in your hair...
If you're going to San Francisco,
Summertime will be a love-in there.

« Flower Power », « Peace and Love », « Faites l'amour, pas la guerre »... autant de slogans hippies qui, avec

le symbole de paix ☮, sont passés à la postérité. Le mouvement, né sur la côte californienne, rejette la société de consommation, prône l'amour libre, l'usage de drogues, la fin de la guerre au Viêt-nam, la non-violence...

Très inspiré par l'Inde et sa sagesse, le hippie porte les cheveux longs (ceints d'un bandeau), des tuniques indiennes et des gilets afghans. Il vit dans des volutes d'encens, mange végétarien, médite, et rêve d'harmonie et de fraternité universelles.

Les Beatles ont eu une période hippie et sont même allés jusqu'à partir en Inde faire un stage de méditation transcendentale avec le Maharishi Mahesh Yogi, expérience plutôt décevante d'ailleurs...

Musicalement, ce fut une période expérimentale qui vit apparaître le rock psychédélique, inspiré par l'usage de drogues, et ses mélodies répétitives et hypnotiques avec de longs solos tortueux propices aux transes. Les musiciens n'hésitent pas à s'approprier des instruments exotiques comme le sitar, utilisé par Brian Jones dans *Paint It Black*.

L'apogée du mouvement hippie fut le gigantesque festival de Woodstock en août 1969, dans l'état de New York. Mais quelques mois plus tard,

LIRE AUSSI

Amateur Amoureux Androgyne Angleterre Bootleg Border line Business Cheveux Cinéma Concert Dispute Double vie DRAME Ego Engagé Fans Festivals Flower power, le rêve hippie Frenchie Guitare, amplis et autre matos Has been, démodé, ringue ! Humour Icône Internet Jean, santiag, perfecto, la panoplie historique... Jeu de scène JUNKIES King Lâcheur

le désastreux concert des Stones à Altamont, pendant lequel un spectateur trouva la mort, et l'atroce série de meurtres commis par la « famille » de Charles Manson, une communauté hippie devenue une secte sataniste, portèrent un coup fatal au mouvement.

Et Toc!

John Densmore, le batteur des Doors, adepte du Flower Power, raconte que Jim Morrison jetait, en plein concert, des marguerites sur sa caisse claire : « Il riait comme un fou, parce qu'il savait que je ne pouvais pas m'arrêter, à moins d'interrompre le concert, alors mes baguettes faisaient éclater les pétales. »

Line up Look Malédiction des 27 ou « 27 Club » Marketing Médias MOTO Noir Noms Opéra Papys Paroles Pionniers Pochette Rockeuses Surnoms Tribunal Tube U.S.A. Virtuose Whisky, alcool et autres boissons fortes Xylophone and co... Yéyé Zombies and co...

F

comme

FRENCHIE

T'es ROCK ou t'es ringue ?

Le rock français... sujet brûlant ! Certains puristes le dédaignent alors que des fans seraient prêts à tout pour défendre leur Johnny, Indochine, Noir Désir ou le Téléphone de leurs quinze ans. Il faut bien dire que la France, en matière de rock, s'est beaucoup cherchée...

Les premiers groupes de rock français font surtout des adaptations, voire des parodies, des tubes anglo-saxons. Il faudra attendre les années 1970 pour découvrir enfin du rock chanté en français au milieu d'une production très « variétés » (l'exubérant Jacques Higelin tient une place à part).

Mais c'est surtout le mouvement punk qui va décomplexer peu à peu la scène française et stimuler sa créativité. On voit apparaître des groupes de rock avec des riffs de guitare et des paroles

en français, dont les très populaires Téléphone et Trust ; citons aussi Starshooter, Bijou, et des groupes plus exigeants comme les Dogs ou Marquis de Sade.

Le rock hexagonal atteindra ensuite une période de maturité, avec Noir Désir, les Rita Mitsouko, Louise Attaque ou Mickey 3D. Particularité française, les liens entre le rock et les chanteurs « à texte » aboutissent parfois à des mélanges jubilatoires : ainsi le groupe Bijou a invité plusieurs fois Serge Gainsbourg à monter sur scène à ses côtés, redonnant au chanteur le goût de se produire en public.

Viendra ensuite la grande vague de la télé réalité, Nouvelle Star et autres Star Ac', qui n'aide pas à faire émerger un rock authentique.

Aujourd'hui, l'inoxydable Johnny Hallyday fête ses cinquante ans de carrière. Et la « nouvelle scène française », même si elle n'a pas de grands groupes fédérateurs, est prometteuse : une autre génération émerge, qui fait de la scène et met sa musique sur MySpace : c'est maintenant aux BB Brune, Plasticines, Mademoiselle K, Eiffel ou autres Phœnix de réinventer le rock français...

LIRE AUSSI

Amateur Amoureux Androgyne Angleterre Bootleg Border line Business Cheveux Cinéma Concert Dispute Double vie Drame Ego Engagé Fans Festivals Flower power, le rêve hippie Frenchie Guitare, amplis et autre matos Has been, démodé, ringue ! Humour Icône INTERNET Jean, santiag, perfecto, la panoplie historique... Jeu de scène Junkies King Lâcheur

Et Toc!

Les Versaillais de Phœnix s'exportent bien. Invités plusieurs fois dans des émissions de télé américaines (du jamais vu !), ils ont obtenu en 2010 le prestigieux Grammy Award du meilleur album indépendant de l'année. Pour un album modestement intitulé *Wolfgang Amadeus Phoenix*...

G comme

GUITARE, AMPLIS ET AUTRE MATOS

Les rockers des débuts ont emprunté les instruments du jazz : guitare, contrebasse, batterie et saxophone. Mais l'offre va très vite évoluer, grâce à quelques créateurs de génie passionnés de musique...

Le Californien Léo Fender a deux amours : les guitares et les moteurs ! Après avoir été réparateur de radios, il va créer les premières guitares électriques « solid body » (sans caisse de résonance) qui permettront l'explosion du rock. La Broadcaster, qui sera rebaptisée « Télécaster » en hommage à la télévision, fut sa première guitare fabriquée en série en 1951. Cette même année, la marque créa aussi la première basse électrique, pour remplacer la contrebasse utilisée jusque-là dans le jazz. Ces deux innovations révolutionnèrent la musique en permettant à de petits groupes de se faire entendre.

Suivirent d'autres modèles mythiques, comme la Stratocaster.

C'est aussi Léo Fender qui fabriqua les premiers amplis, dès 1946 !

Autre créateur inspiré : Gibson, créateur de la Les Paul en 1953, magnifique guitare à corps plein qui fit le bonheur de Keith Richards, Chuck Berry, Eric Clapton, David Gilmour ou Brian Jones...

Troisième dans cette série de bricoleurs géniaux, Jim Marshall est prof de batterie dans les années 1960 en Angleterre. Il tient aussi un magasin de musique et travaille avec les rock stars de l'époque qui expriment leur besoin d'un ampli au son puissant et agressif. Dans l'arrière-cour de son magasin, Jim bricole un ampli de 50 watts qui fera sensation. Marshall passe à la vitesse supérieure en ouvrant une petite usine qui sera suivie par beaucoup d'autres. La marque ne cesse d'innover ; du Stack 1959, chouchou de Jimi Hendrix, aux amplis hybrides des années 2000, intégrant des effets numériques, Marshall offre au rock une série de belles boîtes noires...

Ajoutons le Britannique Vox, créé par deux amis après la Première Guerre mondiale. Le Vox

LIRE AUSSI

AMATEUR Amoureux Androgyne Angleterre Bootleg Border line Business Cheveux Cinéma Concert Dispute Double vie Drame Ego Engagé Fans Festivals Flower power, le rêve hippie Frenchie Guitare, amplis et autre matos Has been, démodé, ringue ! Humour Icône Internet Jean, santiag, perfecto, la panoplie historique... Jeu de scène Junkies King

AC30 entrera dans la légende grâce aux Beatles et sera adopté par les Stones, Queen, Aerosmith, U2 et bien d'autres.

Et Toc !

Le son des amplis stars de Fender, Marshall, Vox et autres a été analysé et reproduit par les amplis à modélisation qui utilisent des technologies numériques. Les rockers au tympan délicat jugent qu'ils ne peuvent rivaliser avec leurs illustres modèles mais ce n'est sans doute qu'une question de temps !

H
comme
HAS BEEN,
DÉMODÉ, RINGUE !
MARRE DES YEUX DE PANDA AU RÉVEIL ?
demaquillant instantané

T'es ROCK ou t'es ringue ?

Le temps est parfois impitoyable avec les idoles d'hier : nombreux sont les groupes tombés dans l'oubli ou devenus ringards ; succès éphémères et albums sans lendemains sont monnaie courante dans le monde du rock.

Le film documentaire *Anvil, The Story of Anvil* se penche sur le cas d'un de ces groupes cruellement étiquetés « has been ». Précurseur du heavy metal pendant les années 1980, Anvil connut un début de carrière prometteur pour finalement ne jamais percer. Oublié de tous, le groupe s'accroche pourtant à son rêve et continue d'arpenter les petites salles. À 50 ans, les musiciens vivent de petits boulots et sont loin d'attirer les foules mais espèrent toujours le déclic. Une attitude parfois payante : pour quelques-uns, être has been n'est pas complètement incurable et quelques albums

bien sentis et un ou deux titres accrocheurs peuvent relancer une carrière : presque enterré par les années 1990, Scorpions s'est offert un retour grand luxe et fait de nouveau salle comble à chaque concert alors que Kiss triomphe à nouveau et se voit attribuer d'excellentes critiques pour son nouvel album. Un improbable exploit après avoir été la cible de toutes les moqueries et incarné le ringard grand-guignol quand le glam rock fut passé de mode. Comme quoi, dans le rock comme ailleurs, il est toujours bon de croire à la deuxième chance !

LIRE AUSSI

Amateur Amoureux Androgyne Angleterre Bootleg Border line BUSINESS Cheveux Cinéma Concert Dispute Double vie Drame Ego Engagé Fans Festivals Flower power, le rêve hippie Frenchie Guitare, amplis et autre matos Has been, démodé, ringue ! Humour Icône Internet JEAN, SANTIAG, PERFECTO, LA PANOPLIE HISTORIQUE ...

Et Toc !

Sacha Gervasi a filmé les métalleux d'Anvil pendant une tournée catastrophique en Europe de l'Est. Avec tendresse et drôlerie, il montre le groupe se démenant devant quelques dizaines de spectateurs transis, et met en lumière l'extraordinaire persévérance et la ténacité des musiciens tentant de vivre de leur passion dans des conditions ingrates. Résultat : depuis la sortie du film, les trois rockers d'Anvil ont trouvé leur public et arrivent – enfin – à vivre décemment.

H

comme

HUMOUR

LIRE AUSSI

Amateur Amoureux Androgyne Angleterre Bootleg Border line Business Cheveux Cinéma Concert Dispute Double vie Drame Ego Engagé Fans Festivals Flower power, le rêve hippie Frenchie Guitare, amplis et autre matos Has been, démodé, ringue ! Humour Icône Internet Jean, santiag, perfecto, la panoplie historique... Jeu de scène Junkies King Lâcheur Line up LOOK Malédiction des 27 ou « 27 Club » Marketing Médias Moto Noir Noms Opéra Papys Paroles Pionniers Pochette Rockeuses Surnoms Tribunal Tube U.S.A. Virtuose Whisky, alcool et autres boissons fortes Xylophone and co... Yéyé Zombies and co...

Ceux qui pensent que les rockers n'ont pas d'humour ne se sont jamais penchés sur la question. Un seul exemple vaut mieux que tous les discours :

Joe Pyne, un vétéran de la Deuxième Guerre mondiale, avait été amputé d'une jambe. Devenu présentateur à la télévision, il interpella violemment Franck Zappa :

– Si j'en juge par vos cheveux longs, vous êtes une fille ?

Et Zappa répondit :

– Si j'en juge par votre jambe de bois, vous êtes une table ?

I comme ICÔNE

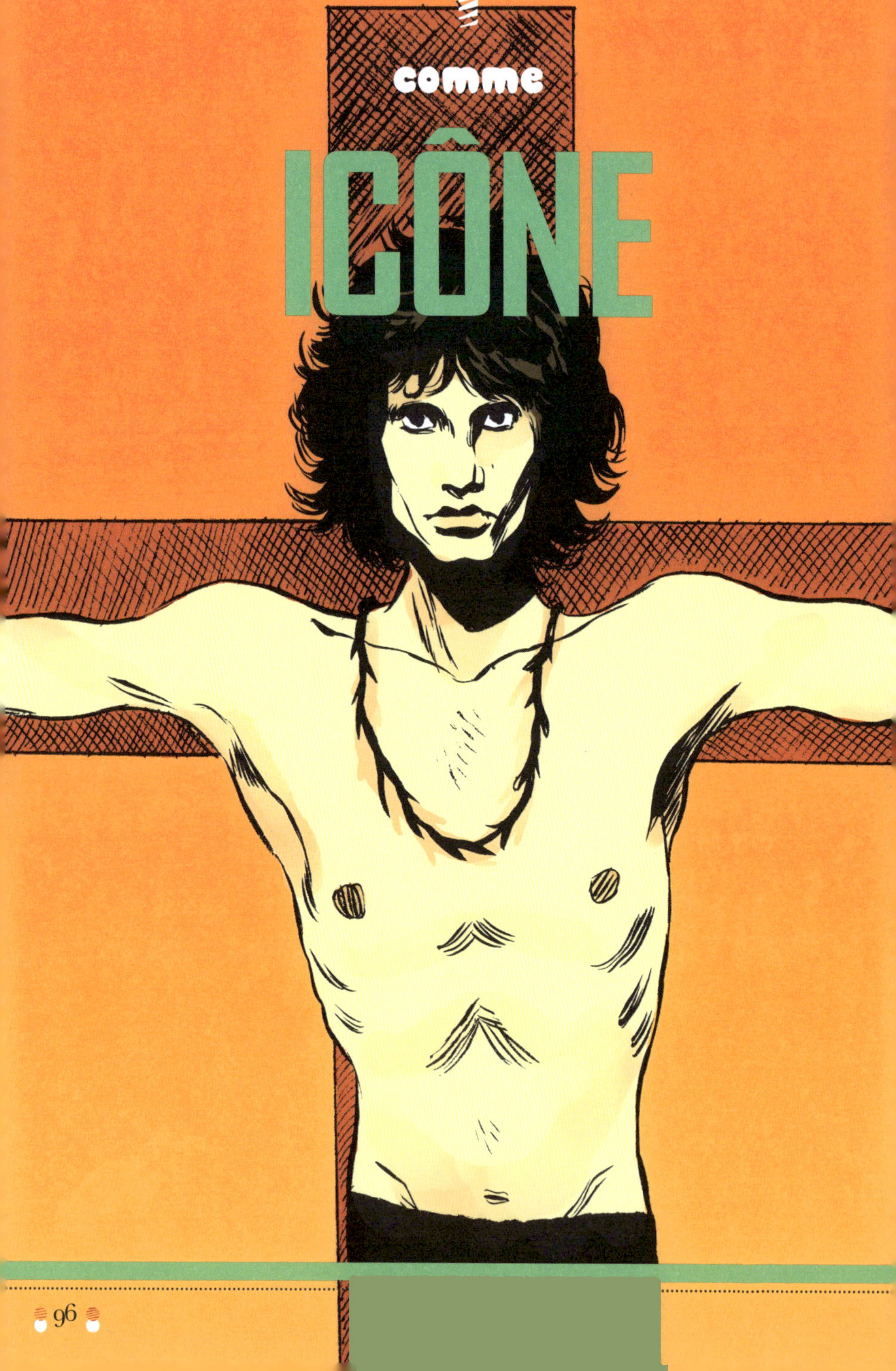

T'es ROCK ou t'es ringue ?

Perçu à l'origine comme une forme de rébellion adolescente, le rock s'est vite transformé en élément à part entière de la culture populaire. Certains artistes sont devenus des icônes des temps modernes dont les portraits immortalisés par la photographie ont conquis la planète.

Succédant aux stars d'Hollywood des années 1950, Elvis et les Beatles ont été les premiers musiciens élevés au rang d'idoles, déclenchant des hystéries collectives. Depuis, chaque génération a floqué ses T-shirts avec une nouvelle icône : Hendrix pour les années Woodstock, Marley et les Sex Pistols pour les années 1980, Cobain pour les années 1990.

Parfois l'engouement dure : le visage de Jim Morrison, star éphémère des sixties, orne encore

aujourd'hui des millions de posters à travers le monde au même titre que celui de Che Guevara ou que la fameuse langue des Rolling Stones. La gueule d'ange de Morrison, punaisée dans les bureaux au-dessus de la machine à café entre un poster de lagon et la photo du petit dernier, fait désormais rêver des secrétaires quadragénaires.

La dévotion quasi religieuse des hordes de fans s'est étendue à la mode qui s'est empressée de décliner les portraits ultra-connus sur tous les supports possibles et imaginables. Quitte à faire perdre leur sens à des images multipliées à l'infini : sur cent personnes portant fièrement un badge tirant la langue, combien ont un album des Stones chez eux ?

LIRE AUSSI

Amateur Amoureux Androgyne Angleterre Bootleg Border line Business Cheveux Cinéma Concert Dispute Double vie Drame Ego Engagé FANS Festivals Flower power, le rêve hippie Frenchie Guitare, amplis et autre matos Has been, démodé, ringue ! Humour Icône Internet Jean, santiag, perfecto, la panoplie historique... Jeu de scène Junkies King Lâcheur

T'es ROCK ou t'es ringue ?

Line up **LOOK MALÉDICTION DES 27 OU « 27 CLUB » MARKETING** Médias Moto Noir Noms Opéra Papys Paroles Pionniers Pochette Rockeuses Surnoms Tribunal Tube U.S.A. Virtuose Whisky, alcool et autres boissons fortes Xylophone and co... Yéyé Zombies and co...

I
comme
INTERNET

T'es ROCK ou t'es ringue ?

Débarqué en quelques années sur les ordinateurs du monde entier, le Web a aussi changé la face de la planète rock : avec la musique téléchargeable, le vieux CD est en passe de devenir une pièce de musée.

Mais tous les groupes ne voient pas Internet de la même façon : pour certains, le Net amène un nouveau public, une manière différente de communiquer ou de faire de la musique. Les Smashing Pumpkins ont profité de l'arrivée du Web pour lancer un projet qu'aucune maison de disques n'aurait pu réaliser : *Teargarden by Kaleidoscope*, un album-fleuve composé de quarante-quatre chansons réparties en onze mini-albums. Chaque partie sort à quelques mois d'intervalle et l'internaute peut venir piocher gratuitement et télécharger à volonté. Un étrange projet que

peuvent se permettre les Citrouilles de Chicago mais qui ne rapporte pas un sou. Et comme il faut bien vivre quand même, certains ont d'autres idées. Radiohead a choisi par exemple de laisser son album téléchargeable librement en laissant l'internaute choisir combien il veut l'acheter. Tout rocker digne de ce nom doit à présent avoir son MySpace, sa page Facebook ou Twitter et tutti quanti en plus de son site web « classique ». Voire même faire comme U2 et diffuser ses concerts en direct sur YouTube. Enfin, il ne faut pas oublier les mécontents. Quelques rockers ronchons n'apprécient pas franchement qu'on puisse récupérer à peu de frais le fruit de leur labeur. Metallica ou AC/DC font régner un véritable embargo informatique et même les sites légaux et archiconnus du streaming musical peuvent faire une croix sur leurs répertoires. Le champion en la matière c'est Elton John. Le fantasque Anglais à lunettes a carrément déclaré qu'Internet devrait disparaître.

LIRE AUSSI

Amateur Amoureux Androgyne Angleterre Bootleg Border line BUSINESS Cheveux Cinéma Concert Dispute Double vie Drame Ego Engagé Fans Festivals Flower power, le rêve hippie Frenchie Guitare, amplis et autre matos Has been, démodé, ringue ! Humour Icône Internet Jean, santiag, perfecto, la panoplie historique... Jeu de scène Junkies King

Et Toc!

Le Web permet même aux internautes de s'improviser producteurs. Les sites comme mymajorcompany.com permettent de miser quelques euros sur un artiste pour l'aider à produire son premier disque et de récolter ensuite le jackpot si celui-ci perce. Une forme de gagnant-gagnant qui profite plutôt à la variété pour le moment (Grégoire / Joyce Jonathan) mais qui avec un peu de chance finira par se propager au rock.

Lâcheur Line up Look Malédiction des 27 ou «27 Club» Marketing MÉDIAS Moto Noir Noms Opéra Papys Paroles Pionniers POCHETTE Rockeuses Surnoms Tribunal Tube U.S.A. Virtuose Whisky, alcool et autres boissons fortes Xylophone and co... Yéyé Zombies and co...

J

comme

JEAN, SANTIAG, PERFECTO, LA PANOPLIE HISTORIQUE...

1928 : Irving Schott, motard passionné, crée le premier blouson en cuir à zip destiné à protéger les bikers. Il lui donne le même nom que son cigare cubain favori : le Perfecto !

Ce blouson, costaud, indéchirable et fonctionnel sera adopté par les rockers dans les années 1950, sous l'influence de Marlon Brando et de James Dean. Le succès est immédiat, le perfecto connaîtra une petite baisse de régime jusqu'à ce que le mouvement punk le relance en l'agrémentant d'accessoires divers et variés : badges, épingles à nourrice, chaînes, clous, etc.

Quant au jean, il est encore plus vieux ! En 1873, Oscar Levi Strauss, fabricant de vêtements de travail, dépose un brevet pour un pantalon réalisé dans une robuste toile, le denim, avec des poches rivetées. Le blue-jeans est né. Vite copié, il devient dans les années

1950 le vêtement symbole d'une génération rebelle. Depuis, on ne compte plus ses avatars : effrangé et pattes d'eph' avec les hippies, gribouillé de « peace and love », clouté, piqueté de strass, orné de « moustaches », pré-usé, prédéchiré, baggy, slim, boyfriend, toutes les formes lui sont permises. Bref, tellement vulgarisé que certains, comme les gothiques, n'en mettent plus du tout...

Les santiags, ces bottes au talon biseauté et au bout pointu, traditionnellement portées par les cow-boys, complètent cette panoplie immortalisée par Renaud (*Laisse béton*).

Hier symboles de la rebelle attitude, le jean, le perfecto et les santiags sont devenus aujourd'hui des classiques figurant dans les placards de toute modeuse qui se respecte au même titre que le trench beige ou les Converse.

LIRE AUSSI

Amateur Amoureux Androgyne Angleterre Bootleg Border line Business Cheveux Cinéma Concert Dispute Double vie Drame Ego Engagé Fans Festivals Flower power, le rêve hippie Frenchie Guitare, amplis et autre matos Has been, démodé, ringue ! Humour Icône Internet Jean, santiag, perfecto, la panoplie historique... Jeu de scène Junkies King Lâcheur Line up

T'es ROCK ou t'es ringue ?

Look Malédiction des 27 ou « 27 Club » MARKETING Médias MOTO NOIR Noms Opéra Papys Paroles PIONNIERS Pochette Rockeuses Surnoms Tribunal Tube U.S.A. Virtuose Whisky, alcool et autres boissons fortes Xylophone and co... Yéyé Zombies and co...

J

comme

JEU
DE SCÈNE

Le jeu de scène a bien évolué depuis le fameux déhanché d'Elvis : les rockers se sont mis à bouger, à inventer des pas, tel le fameux duck walk de Chuck Berry.

Le rocker paie de sa personne et ça marche : les Stray Cats ont su captiver leur public avec une batterie vraiment minimaliste et une scène presque vide. Mais quand on saute partout et qu'on escalade sa contrebasse, ça passe très bien. Dans la catégorie de ceux qui ont la bougeotte sur scène, il serait insultant d'oublier Angus Young d'AC/DC qui se mit très vite à utiliser une guitare sans fil pour pouvoir arpenter la scène en courant. Plus agressif, le smash guitar, ou l'art de casser en public un matériel coûteux, fut abondamment pratiqué par Nirvana et The Who.

J comme JEU DE SCÈNE

Certains groupes et chanteurs ont su faire très fort en matière de mise en scène ; on a vu des cloches sur scène avec AC/DC (*Hell's Bells*), des statues géantes comme celle d'Eddie le Zombie chez Iron Maiden. Dans la catégorie installations géantes et carton-pâte pharaonique, les hard-rockers se taillent la part du lion. Les musiciens de Kiss crachent du sang, farcissent leurs spectacles d'effets pyrotechniques, et finissent par installer la batterie sur un char d'assaut.

Tout à l'opposé, il reste encore de (très) rares inconditionnels de la prestation minimaliste : ainsi le timide et talentueux Ray Lamontagne qui joue seul face à son micro éclairé par un unique projecteur, à défaut peut-être de pouvoir jouer dans le noir.

LIRE AUSSI

Amateur Amoureux Androgyne Angleterre Bootleg Border line Business Cheveux Cinéma CONCERT Dispute Double vie Drame Ego Engagé Fans Festivals Flower power, le rêve hippie Frenchie Guitare, amplis et autre matos Has been, démodé, ringue ! Humour Icône Internet Jean, santiag, perfecto, la panoplie historique... Jeu de scène Junkies King Lâcheur

Et Toc !

Rammstein, tout feu tout flamme !

Le must du jeu scénique sophistiqué se trouve chez le groupe de metal allemand Rammstein, dont tous les membres ont des diplômes d'artificiers professionnels. Tout au long de leur carrière, ils auront utilisé des guitares-lance-flammes, des trépieds de micros enflammés... Dans leur chanson *Mein Teil*, leur chanteur arrive costumé en boucher, barbouillé de sang, et passe un de ses collègues à la casserole dans une marmite géante chauffée par un chalumeau crachant des flammes de plusieurs mètres de long !

J

comme

JUNKIES

Le rock n'a pas mis longtemps à être associé aux drogues, aux pilules bizarres et aux cigarettes qui font rire...

En 1967, les radios diffusent *White Rabbit*, chanson où Jefferson Airplane décrit les effets d'un trip au LSD. Peu à peu, la drogue cesse d'être un tabou et devient même une véritable marque de fabrique. Les années 1970 auront leur lot de rockers junkies qui consommeront parfois avec trop d'entrain : après Janis Joplin en 1970, Sid Vicious achèvera la décennie sur une triste note en forçant sur l'héroïne. Autre victime des excès de comprimés : Keith Moon, le fantasque batteur des Who. Avant d'être emporté par une overdose de médicaments, « Moon the Loon » a collectionné les frasques à forte tendance hallucinogène. En 1973, un fan lui proposa de goûter un demi-cachet

d'une nouvelle drogue. Fidèle à lui-même, celui-ci répondit sans hésiter : « Tu sais qui je suis ? Je suis Keith Moon ! Je prends pas un demi-cachet, j'en prends un entier ! » Mal lui en a pris : il s'agissait en réalité d'un puissant somnifère pour chevaux. Au milieu du concert, Moon s'endormit littéralement sur sa batterie et fut remplacé par un spectateur avant d'être évacué et de passer les deux jours suivants sur un fauteuil roulant.

La drogue a apporté au rock une créativité certaine en plus d'une réputation sulfureuse. Dans les années 1960, le LSD, autorisé à l'époque, et la mescaline étaient distribués aux premiers hippies par les camions bariolés des Merry Pranksters. On retrouve l'influence de ces drogues dans les solos psychédéliques des Doors et de Grateful Dead.

LIRE AUSSI

Amateur Amoureux Androgyne Angleterre Bootleg BORDER LINE Business Cheveux Cinéma Concert Dispute Double vie Drame Ego Engagé Fans Festivals FLOWER POWER, LE RÊVE HIPPIE Frenchie Guitare, amplis et autre matos Has been, démodé, ringue ! Humour Icône Internet Jean, santiag, perfecto, la panoplie historique... Jeu de scène Junkies King

T'es ROCK ou t'es ringue ?

Et Toc!

Keith Richards a sniffé les cendres de son père, mais c'était par respect filial. Alors qu'il venait d'ouvrir l'urne pour aller les répandre sur un chêne qu'il avait planté dans son jardin, une fine couche est tombée sur la table. « Je ne pouvais pas enlever mon père d'un revers du coude, tout de même, j'ai donc passé mon doigt dessus, je l'ai porté à mes narines et je l'ai aspiré. Poussière retournant à la poussière, père retournant à son fils. »

K

comme

KING

Si Elvis était encore parmi nous...

Été 1953. Un jeune homme de 18 ans pousse la porte d'un studio spécialisé dans la musique noire. Il enregistre deux chansons (à ses frais) et repart, le disque sous le bras, pour l'offrir à sa mère. La secrétaire, séduite par sa voix, note sur son carnet : « EP : voix à écouter, bon chanteur de ballade. »

EP, c'est Elvis Presley. En pleine période de ségrégation, ce gamin va créer un style musical nouveau, intégrant la country des Blancs au gospel et au blues des Noirs. Et quelle présence : dès ses premières tournées, sa voix mais aussi sa gueule et son jeu de scène ne laissent personne indifférent. Son fameux déhanchement lui vaut le surnom d'« Elvis the pelvis », et contraint la télévision à le filmer seulement au-dessus de la ceinture pour ne pas choquer le public ! L'Amérique puritaine est scandalisée mais des millions de jeunes sont séduits. C'est

le début d'une carrière fabuleuse. Pris en main par un manager aussi ambitieux que lui, Elvis s'offre un premier disque d'or à vingt ans ; à partir de là, il enchaîne les succès et déchaîne les foules.

Insatiable, Elvis entame une carrière à Hollywood. On peut en retenir un film, *King Creole*, et oublier le reste, une bonne trentaine de navets où il a toujours le beau rôle et pousse la chansonnette, entouré de pin-up. Déçu par le cinéma, Elvis reprend les tournées et les concerts. Une de ses prestations, à Hawaï, a été retransmise en mondiovision devant un milliard de téléspectateurs !

À la fin de sa carrière, Elvis, empâté, engoncé dans ses costumes clinquants, n'est plus qu'une caricature du King, mais il en faut davantage pour détruire une légende. Sa mort prématurée, due à un arrêt cardiaque, traumatisa ses fans et le King eut droit à des obsèques nationales ; encore aujourd'hui, certains le croient vivant. De mystérieuses rumeurs prétendent que le FBI l'aurait aidé à « disparaître » et qu'il vit caché quelque part ; il n'y a pas de preuve ? Qu'importe ! On se presse pour visiter son immense propriété de Graceland et la tournée « Elvis Presley en concert » fait un tabac, avec d'anciens musiciens d'Elvis qui jouent en live et le King qui chante en vidéo sur écran géant. Une forme d'immortalité ?

LIRE AUSSI

Amateur Amoureux Androgyne Angleterre Bootleg Border line Business Cheveux Cinéma Concert Dispute Double vie Drame EGO Engagé Fans Festivals Flower power, le rêve hippie Frenchie Guitare, amplis et autre matos Has been, démodé, ringue ! Humour ICÔNE Internet Jean, santiag, perfecto, la panoplie historique... Jeu de scène Junkies King Lâcheur

Et Toc!

Elvis a donné plus de mille concerts, dont un seul à l'extérieur des USA (au Canada, il n'a pas été très aventureux). Il a donc réussi le prodige de devenir une star planétaire sans sortir de chez lui, ou presque. De quoi faire rêver les rockers épuisés par le décalage horaire...

L comme LÂCHEUR

Certains artistes ont la réputation de faire faux bond à la dernière minute. Peter Doherty, par exemple.

L'ex-leader des Libertines et des Babyshambles adore la scène, mais à son rythme : ses fans ne sont jamais sûrs de le voir débarquer et vivent dans l'angoisse jusqu'à son arrivée sur scène. Doherty annule parce qu'il est malade (on traduit par « shooté »), qu'il a raté son avion, ou tout autre prétexte, et ce n'est plus crédible. Pourtant, il a parfois de bonnes (et graves) raisons : ainsi en 2009 c'est un arrêt cardiaque qui lui a fait annuler une tournée...

Par contre, il faut lui rendre cette justice, l'inverse est tout aussi vrai : l'imprévisible Pete donne souvent des concerts improvisés, pour le plus grand

bonheur des amateurs prévenus par les groupes de fans ou le Net...

Autre lâcheuse célèbre, Amy Winehouse. Sa vie aussi chaotique que celle de Doherty ne la pousse pas à la régularité : elle monte parfois sur scène en titubant, ou pas du tout. En 2007, invitée au festival Rock en Seine, elle annule huit jours avant le concert. Pas rancuniers, les organisateurs l'invitent l'année suivante... et la diva remet ça, en se décommandant le soir même du concert ! L'affaire ira carrément en justice, la patience des organisateurs ayant des limites.

Rock en Seine serait-il un festival maudit ? Un an plus tard, en 2009, ils ont renoncé à Amy et invité Oasis. Mauvaise pioche... Le 28 août, 30 000 spectateurs massés devant la scène attendent l'arrivée des Anglais. Il est 22 h 15 quand la nouvelle tombe : le concert n'aura pas lieu. Les frères Gallagher se sont battus quelques minutes avant d'entrer en scène et Noel a quitté les lieux. La tournée européenne d'Oasis tourne court, et dans la foulée, on annonce la dissolution du groupe ! Les fans sont accablés, on le serait à moins...

LIRE AUSSI

Amateur Amoureux Androgyne Angleterre Bootleg Border line Business Cheveux Cinéma CONCERT DISPUTE Double vie Drame Ego Engagé Fans Festivals Flower power, le rêve hippie Frenchie Guitare, amplis et autre matos Has been, démodé, ringue ! Humour Icône Internet Jean, santiag, perfecto, la panoplie historique... Jeu de scène JUNKIES King

Et Toc !

Conscientes du risque accru d'annulation de certaines stars de la chanson, les compagnies d'assurances peuvent majorer leurs primes selon les têtes d'affiche annoncées. Vous voulez vraiment Amy ? Ce sera cher…

Lâcheur Line up Look Malédiction des 27 ou « 27 Club » Marketing Médias Moto Noir Noms Opéra Papys Paroles Pionniers Pochette Rockeuses Surnoms Tribunal Tube U.S.A. Virtuose Whisky, alcool et autres boissons fortes Xylophone and co… Yéyé Zombies and co…

L comme LINE UP

Le line up, pour les initiés, c'est la composition d'un groupe, la liste de ses membres.

Très peu de groupes ont conservé le même line up tout au long de leur histoire. Les Rolling Stones, par exemple, ont perdu leur premier guitariste, Brian Jones, et les Beatles avaient Stuart Sutcliffe à la basse lors de leur première tournée en Allemagne avant que Paul McCartney ne le remplace (avantageusement, car Sutcliffe ne savait pas jouer, et d'ailleurs dans certains concerts on ne branchait même pas sa basse sur un ampli, ou alors il jouait dos au public). Et qui se souvient que Ringo Starr n'a intégré le groupe qu'au départ de Pete Best ?

Certains sont de véritables champions dans le changement de line up : à ses débuts, le groupe AC/DC a épuisé trois bassistes et cinq batteurs avant de

s'apercevoir qu'ils feraient mieux... de changer de chanteur. Le nouveau (Bon Scott) trouvera la mort après une soirée trop arrosée et sera remplacé par Brian Johnson. AC/DC essaiera encore plusieurs batteurs avant de stabiliser – enfin ! – le groupe.

De même, Motörhead a attendu vingt ans avant de trouver une composition fixe, et n'eut comme membre permanent que le chanteur et bassiste Lemmy Kilmister ; et que dire de Guns N' Roses dont il ne subsiste plus que le chanteur Axl Rose ? Et il y a pire : les métalleux de Sepultura, par exemple, n'ont plus aucun membre en commun avec leur formation originale... Tous ces changements font toujours plus ou moins plaisir à la presse rock qui a ainsi l'occasion de comparer les mérites du partant et du petit nouveau, ou de disserter sur les causes du départ : c'est souvent une mauvaise ambiance dans le groupe (voir Axl Rose qui fait fuir tout le monde), ou des problèmes de santé du sortant, généralement liés à la drogue ou autres petits soucis d'addiction.

LIRE AUSSI

Amateur Amoureux Androgyne Angleterre Bootleg Border line Business Cheveux Cinéma Concert DISPUTE Double vie Drame EGO Engagé Fans Festivals Flower power, le rêve hippie Frenchie Guitare, amplis et autre matos Has been, démodé, ringue ! Humour Icône Internet Jean, santiag, perfecto, la panoplie historique... Jeu de scène Junkies King Lâcheur

Et Toc !

Pendant l'été 2009, le guitariste et le bassiste d'Oasis décident de quitter le groupe ; on aurait pu penser que ça allait perturber les Gallagher, pas du tout. Écoutons Liam : « Ça a été un problème pendant… une heure à peu près. Et puis après, on a commencé à s'interroger, puis on a vu que c'était très bien comme ça. C'était plus un problème, au contraire. Il y a toujours quelqu'un qui joue chez Oasis de toute façon. » Pas sûr, Liam…

L

comme

LOOK

Passons sur les débuts : les premiers rockers n'avaient pas de look particulier, ils se conformaient aux usages du temps en chantant en costume cravate – les pauvres.

La démocratisation du jean et du blouson de cuir fit souffler un vent de liberté : ce fut la période « bad boy », du loubard dangereux au regard de braise qui séduisait les filles de bonne famille. Le rocker voyou laissa la place au hippie vêtu de coton indien bariolé, ou d'une tenue jean/chemise passe-partout enfilée à la hâte, l'important étant de jouer de la bonne musique. En même temps, certains groupes mods résistent et arborent le look dandy, veste cintrée et chaussures italiennes, comme The Small Faces, et The Kinks.

Le glam rock des années 1970 fut une période

d'exubérance vestimentaire ; à partir de là, plus question d'improvisation, le look se travaille et fait partie intégrante du personnage. Bowie le caméléon se teint les cheveux en rouge et joue de son ambiguïté sexuelle en adoptant un style soigneusement étudié (maquillage, silhouette longiligne, chaussures à talons) qui le fit connaître autant que sa musique. À cette époque, Freddie Mercury (Queen) montait sur scène en tenue de velours, de soie, de satin brodé de perles ou même en kimono japonais ! Vinrent ensuite les années punk ; sous l'impulsion des Sex Pistols, les rockers jouent la dérision et mélangent des fringues improbables, déchirées, cloutées, ou détournées de leur utilisation classique, comme les jarretières que Sid Vicious arbore sur son jean. Le grunge a ajouté sa touche : Courtney Love s'exhibe en nuisette et collants troués, teint blafard et lèvres rouge sang.

Le noir redevint ensuite une couleur romantique grâce à The Cure, dont le look fut copié par des milliers de fans : coupe de cheveux hirsute façon saule pleureur, yeux soulignés de crayon noir, vêtements amples et sombres, teint pâle...

Après avoir épuisé à peu près tous les styles, du glam au débraillé, du coloré au noir corbeau, pas étonnant que le rock peine un peu à se renouveler côté fringues, alors même que les magazines féminins grand public s'emparent du « look rock » pour

LIRE AUSSI

Amateur Amoureux Androgyne Angleterre Bootleg Border line Business Cheveux Cinéma Concert Dispute Double vie Drame Ego Engagé Fans Festivals Flower power, le rêve hippie Frenchie Guitare, amplis et autre matos Has been, démodé, ringue ! Humour Icône Internet JEAN, SANTIAG, PERFECTO, LA PANOPLIE HISTORIQUE... Jeu de

en faire un classique (en langage modeux ça signifie mèches rebelles savamment décoiffées, blouson de cuir griffé et jean ou slim noir).

Et Toc !

Le rock dans la peau

Les rockers n'ayant pas peur des petites aiguilles se font volontiers tatouer. Que choisissent-ils ? Les grands classiques, bien sûr (aigle, serpent, poignard, tête de mort, moto, guitare, scorpion, pin-up), mais aussi le visage de leur rock star préférée. Dans le top ten des portraits tatoués figurent Elvis Presley, Jimi Hendrix, Kurt Cobain et Jim Morrison.

M comme MALÉDICTION DES 27 OU « 27 CLUB »

Cinq icônes du rock sont mortes de mort violente à vingt-sept ans. De quoi affoler les superstitieux...

Brian Jones fut le fondateur et guitariste des Rolling Stones. Dépassé par le tandem charismatique Mick Jagger/Keith Richards, Brian Jones abuse de l'alcool, de la drogue et des cocktails médicamenteux. Devenu incapable de tenir sa place dans le groupe, il en est exclu. Un mois plus tard, le 3 juillet 1969, on le retrouvera noyé dans sa piscine. Meurtre ou accident ? La question reste posée et continue de soulever les passions !

Guitariste surdoué, Jimi Hendrix électrise le public grâce à son jeu de scène particulièrement débridé et ses performances tant musicales qu'acrobatiques. Mais sa carrière connaît des hauts et des

bas. Hendrix, très déprimé, doute et déclare : « Je ne suis pas sûr que j'atteindrai 28 ans. Je veux dire qu'au moment où musicalement, je sentirai que je n'ai plus rien à donner, je ne serai plus de ce monde. » Le 18 septembre 1970, il est retrouvé mort dans un hôtel de Londres ; il aurait été étouffé par ses propres vomissures, suite à un abus de barbituriques et d'alcool.

Janis Joplin a commencé en chantant du blues et du folk. Dotée d'une voix superbement éraillée, la petite provinciale mal dégrossie et timide se donne à fond sur la scène et vit dans la démesure. Consommatrice d'alcool et d'héroïne, elle meurt d'overdose le 4 octobre 1970, dans une chambre d'hôtel de Los Angeles, deux semaines après Jimi Hendrix.

Jim Morrison, le leader charismatique des Doors, était un être complexe, fasciné par le chamanisme et en perpétuel questionnement. Déstabilisé par le succès fulgurant du groupe, Morrison, devenu un sex-symbol adulé, mène une vie d'excès, abuse de l'alcool et des barbituriques. Les concerts des Doors dégénèrent en émeutes, et la police intervient plusieurs fois. La nuit du 3 juillet 1971, on le retrouve mort dans sa baignoire, dans sa chambre d'hôtel, à Paris. Cause officielle du décès : crise cardiaque, mais on pense aussi à une overdose.

LIRE AUSSI

Amateur Amoureux Androgyne Angleterre Bootleg Border line Business Cheveux Cinéma Concert Dispute Double vie Drame Ego Engagé Fans Festivals Flower power, le rêve hippie Frenchie Guitare, amplis et autre matos Has been, démodé, ringue ! Humour ICÔNE Internet Jean, santiag, perfecto, la panoplie historique... Jeu de scène JUNKIES King Lâcheur

En confirmant sa réputation de poète maudit, sa mort a fait de lui une idole.

Kurt Cobain, fondateur, chanteur et guitariste de Nirvana, souffre de bronchite et de douleurs chroniques à l'estomac. Il se soulage avec de l'héroïne, et en devient vite dépendant. Par ailleurs, il vit très mal le succès fulgurant de Nirvana et la pression médiatique qui s'ensuit ; très exposé ainsi que sa compagne, Courtney Love, il fait l'objet d'attaques féroces. Cobain sombre dans la dépression et devient suicidaire. On le retrouvera mort avec une balle dans la tête dans sa maison de Seattle le 8 avril 1994.

M comme MARKETING

T'es ROCK ou t'es ringue ?

Badges, posters, T-shirts... Pour les publicitaires et autres flaireurs de bons filons, le rock est rapidement apparu comme une mine d'or dont il serait bête de se priver.

Si le mouvement hippie et le « Do it yourself » prôné par les punks n'incitent pas vraiment à la consommation de masse, cela n'a pas empêché le rock de se décliner sur tous les supports possibles et imaginables.

Au-delà des très classiques accessoires de mode et vêtements estampillés aux noms des groupes, certains concepts sortent un peu des sentiers battus... Dans les années 1980, le glam rock de Kiss rencontrait un tel succès que des jouets à leurs effigies envahissaient les allées des supermarchés alors que les cinémas voyaient débarquer *Kiss contre les fantômes.*

M comme MARKETING

Un (très mauvais) film où les membres du groupe jouaient les superhéros en affrontant des singes-garous à grands renforts de flammes et de rayons laser. Un précieux DVD à ranger entre la tasse à café Rolling Stones et le cendrier AC/DC.

Même les groupes punk, qui revendiquent pourtant un rejet de la société de consommation, ont cédé aux sirènes du marketing : leurs noms se déclinent sur des collections complètes de produits dérivés. Mais ils n'en sont pas fiers : les membres survivants du groupe Sex Pistols n'ont pas souhaité faire la promotion du parfum *God Save the Queen* réalisé avec leur accord par une maison française.

Autre business juteux : les reliques de stars. La première guitare brûlée par Jimi Hendrix a été vendue aux enchères pour pas moins de 346 000 euros alors que plus récemment, un siège de toilettes de la maison de John Lennon partait pour plus de 11 000 euros !

Enfin pour les fans prêts à sortir la carte bleue mais qui préfèrent rester tranquilles chez eux le samedi soir, il reste le Monopoly des Rolling Stones où les billets sont remplacés par des places de concerts et les hôtels par des disques d'or...

LIRE AUSSI

Amateur Amoureux Androgyne Angleterre Bootleg Border line BUSINESS Cheveux Cinéma Concert Dispute Double vie Drame Ego Engagé Fans Festivals Flower power, le rêve hippie Frenchie Guitare, amplis et autre matos HAS BEEN, DÉMODÉ, RINGUE ! Humour Icône Internet Jean, santiag, perfecto, la panoplie historique... Jeu de scène

Et Toc !

Profitant de l'engouement pour le rock, Isaac Tigrett et Peter Morton ont lancé en 1971 la chaîne «Hard Rock Cafe». Avec des guitares, des affiches dédicacées et des T-shirts recouvrant les murs, les restaurants de la chaîne détonnent par leur déco unique. Les 149 Hard Rock Cafes ont exposé des centaines de reliques rock, allant même jusqu'à ouvrir un éphémère musée pour dévoiler leurs collections. Quant aux propriétaires de la marque, ils sont tout aussi originaux que le concept : pour la modique somme de 965 millions de dollars, la franchise Hard Rock Cafe a été rachetée en 2006 par la tribu amérindienne des Séminoles.

M

comme

MÉDIAS

T'es ROCK ou t'es ringue ?

Dès ses débuts, le rock a été médiatisé. Télévision, radio et presse s'y sont intéressées, chacune à sa manière...

La presse rock ne date pas d'aujourd'hui, puisque *Rock and Folk*, par exemple, paraît sans interruption depuis 1966. Le fan a le choix entre plusieurs titres, du plus people au plus pointu, en passant par des généralistes de la culture rock tel *Les Inrockuptibles*. Mais la presse spécialisée est devenue assez marginale, alors que les rubriques rock fleurissent un peu partout dans les magazines ; le rock est victime de sa banalisation, en somme... Et certains journalistes, comme le très médiatique Philippe Manœuvre, sont carrément devenus des symboles de la rock attitude.

Mais le meilleur moyen de diffusion du

rock, c'est la radio, et depuis toujours : dans les années 1960, les ados écoutaient leurs émissions préférées dans leur chambre sur leur transistor (en cachette de leurs parents)...

Quant à dame Télévision, elle est plus frileuse : en France, il fallut attendre les années 1970 pour voir apparaître des émissions spécialement consacrées au rock ; après quelques tentatives plutôt destinées aux puristes, c'est *Chorus* d'Antoine de Caunes, puis *Les enfants du rock* qui ouvrirent la voie à un large public. Arriva ensuite la télé réalité, les chaînes TV du monde entier fabriquèrent en prime time de jeunes idoles éphémères. Mais là c'est une autre histoire qui n'a pas grand-chose à voir avec le rock...

Reste évidemment le petit dernier, Internet, très vite devenu incontournable, à tel point que nous lui avons consacré une rubrique pour lui tout seul...

LIRE AUSSI

Amateur Amoureux Androgyne Angleterre Bootleg Border line Business Cheveux Cinéma Concert Dispute Double vie Drame Ego Engagé Fans Festivals Flower power, le rêve hippie Frenchie Guitare, amplis et autre matos Has been, démodé, ringue ! Humour Icône INTERNET Jean, santiag, perfecto, la panoplie historique... Jeu de scène Junkies King Lâcheur

Et Toc !

Consternation chez les fans de heavy metal. Ozzy Osbourne, le chanteur tatoué de Black Sabbath, s'est mis en scène quatre saisons durant dans une série américaine sur MTV. Il s'est laissé filmer dans sa vie quotidienne avec sa propre famille, avec en générique sa chanson *Crazy Train*. Succès de la télé réalité la plus trash, *The Osbournes* fut critiqué par à peu près tout le monde : le public à cause du langage grossier de la petite famille, le monde du metal qui déplorait le voyeurisme de l'émission et l'image de papa gâteux donnée par Ozzy.

Line up Look Malédiction des 27 ou « 27 Club » Marketing Médias Moto Noir Noms Opéra Papys Paroles Pionniers Pochette Rockeuses Surnoms Tribunal Tube U.S.A. Virtuose Whisky, alcool et autres boissons fortes Xylophone and co... Yéyé Zombies and co...

M comme MOTO

« *Je n'ai besoin de personne, en Harley Davidson.* » **Bien avant que Brigitte Bardot n'envahisse les radios avec ce tube propulsé par des paroles de Gainsbourg, la moto s'était affirmée comme LE véhicule associé au rock.**

Associée aux grosses cylindrées américaines et aux lignes droites de la route 66, elle s'est rangée dans l'imaginaire collectif aux côtés du perfecto et des santiags depuis la sortie d'*Easy Rider*. Ce film où Jack Nicholson et Dennis Hopper traversent l'Amérique profonde à moto avec *Born to Be Wild* de Steppenwolf en fond sonore a définitivement convaincu les bikers de délaisser le blues pour le rock. Les motards vont jusqu'à fonder des confréries ou des groupes autour de la mécanique, de la musique et bien sûr de la passion de la route. Le groupe américain Black Label Society a repris ces codes à son compte et rappelle à

chaque concert une série de commandements quasi religieux basés sur le rock, la bière et la moto.

La collaboration n'a cependant pas toujours été festive et bon enfant : en 1969, les Rolling Stones chargent les Hells Angels londoniens d'assurer la sécurité de leur concert d'Altamont. Ce fut une catastrophe : les bikers, payés en nature avec de la bière, boivent, invectivent le public, cognent des spectateurs et des musiciens invités (le chanteur de Jefferson Airplane quittera la scène). Le concert finira par un drame : dans ce climat électrique, un jeune spectateur noir placé juste devant la scène a la malencontreuse idée de sortir un pistolet. Pour défendre Mick Jagger, un Hells Angels le poignarde à mort...

Essentiellement associée à l'Amérique, la moto parvient parfois à s'exporter comme icône rock. Récupérée par Johnny Hallyday, la Harley Davidson devient symbole du oldschool et de la fibre sudiste, évoquant les déserts arides du Texas, le vrombissement des moteurs et les vieux morceaux des ZZ Top.

LIRE AUSSI

Amateur Amoureux Androgyne Angleterre Bootleg Border line Business Cheveux Cinéma Concert Dispute Double vie Drame Ego Engagé Fans Festivals Flower power, le rêve hippie Frenchie Guitare, amplis et autre matos Has been, démodé, ringue ! Humour ICÔNE Internet Jean, santiag, perfecto, la panoplie historique... Jeu de scène Junkies King Lâcheur

T'es ROCK ou t'es ringue ?

Line up **LOOK** Malédiction des 27 ou « 27 Club » Marketing Médias Moto Noir Noms Opéra Papys Paroles **PIONNIERS** Pochette Rockeuses Surnoms Tribunal Tube U.S.A. Virtuose Whisky, alcool et autres boissons fortes Xylophone and co... Yéyé Zombies and co...

N comme NOIR

S'il fallait une couleur pour décrire le rock, le noir serait bien placé pour l'emporter. Du cuir des blousons aux paroles des chansons en passant par les lunettes, le rocker voit la vie en noir sous bien des aspects. Johnny Cash fut un des premiers à adopter un costume de scène sombre, au point d'être surnommé le « Man in black ».

Le concept a fait des émules et depuis l'arrivée du perfecto en cuir des Ramones ou des Sex Pistols, le noir est devenu LA couleur rock par excellence, succédant aux teintes bariolées des années 1970. Avec Joy Division ou les Smiths, le noir devient omniprésent. La cold wave britannique révèle au public des groupes aux airs de croque-morts chics et le romantisme torturé de The Cure fait recette. En France, le look dandy et les coiffures « aile de corbeau » sont récupérés par Indochine qui envahit

les ondes avec le bien nommé *Tes yeux noirs*.

Pour certains groupes, noir rime avant tout avec la mort et le morbide. Les Misfits ou Slipknot sont des exemples parmi tant d'autres de groupes jouant la carte du « rock horrifique ». Les costumes de scène terrifiants ne sont d'ailleurs pas une constante. Plus sombre que Nirvana, la formation grunge Alice in Chains cache derrière un look classique des paroles d'une noirceur saisissante avec des morceaux comme *Them Bone*s ou *Sea of Sorrow*.

La seule barrière semblant résister au noir est la couleur de peau. Et pourtant, le rock est un enfant du jazz et du blues, donc de la musique noire ! À ses débuts, Fats Domino, Ike Turner, Chuck Berry et Little Richard côtoyaient sur les ondes Elvis, Bill Haley et Jerry Lee Lewis, faisant tomber les barrières instaurées par la ségrégation raciale. Mais ces beaux débuts ont tourné court : mis à part quelques exceptions comme Jimi Hendrix, les rockers noirs se font étrangement rares, même si Lenny Kravitz ou Kele Okereke, le chanteur de Bloc Party d'origine nigériane, se chargent de montrer le bon exemple.

LIRE AUSSI

Amateur Amoureux ANDROGYNE Angleterre Bootleg Border line Business Cheveux Cinéma Concert Dispute Double vie Drame Ego Engagé Fans Festivals Flower power, le rêve hippie Frenchie Guitare, amplis et autre matos Has been, démodé, ringue ! Humour Icône Internet Jean, santiag, perfecto, la panoplie historique... Jeu de scène Junkies King

Et Toc !

Alan Freed a été le premier à trouver son nom au « rock and roll », reprenant une expression d'argot utilisée dans certaines chansons de rhythm and blues. Ce présentateur blanc soutenait avec force des artistes noirs mais ça ne plaisait pas à tout le monde : en 1957, son très populaire show télé *Moondog's Rock and Roll Party* fut annulé car il montrait le chanteur noir Frankie Lymon dansant avec une femme blanche.

N

comme

NOMS

T'es ROCK ou t'es ringue ?

Pour qu'on se souvienne de vous parmi les dizaines de groupes qui montent, rien ne vaut un beau nom qui claque, facile à mémoriser et original, si possible.

Certains ont fait très fort en choisissant un nom comestible et potager (les Smashing Pumpkins, les Red Hot Chili Peppers, les métalleux américains de Radish, les punks français des Betteraves et même Potato, un groupe de rock thaïlandais), quelques-uns ont opté pour un nom chic et classe, avec référence culturelle (Franz Ferdinand fait référence à l'archiduc dont l'assassinat déclencha la Première Guerre mondiale, The Libertines au marquis de Sade, et Louise Attaque à l'anarchiste Louise Michel...) alors que d'autres s'égarent avec un nom totalement improbable (Blue Oyster Cult, Nine Inch Nails, et autres Queens of the Stone Age).

N comme NOMS

Mais où vont-ils chercher tout ça ? Certains noms se sont imposés un peu par hasard, mais d'autres ont une histoire, on va vous en faire profiter...

Les Smashing Pumpkins ou le mystère des citrouilles écrasées : en fait, c'est très simple. Le nom du groupe aurait été trouvé par Billy Corgan lors d'un rêve où il aurait entendu Gene Simmons (le bassiste de Kiss) hurler cette phrase : « Joe Strummer (des Clash) is a drunk and smashing pumpkins ». On ne sait pas ce que Corgan avait bu ce soir-là, mais la phrase lui plut et il la conserva.

Pourquoi donc Placebo (substance inactive remplaçant un médicament) ? Le trio de rockers romantiques a choisi son nom pour se démarquer de The Cure (le remède) et autres groupes de rock au nom pharmaceutique...

Les trois membres du groupe Muse cherchaient un nom « facile à mémoriser, court, puissant », et c'est un habitant de leur ville, Teignmouth, qui a fait jaillir la lumière en suggérant qu'il devait y avoir une muse survolant la ville pour susciter tant de création musicale...

Quant à Blue Oyster Cult (le culte de l'huître bleue), ce nom vient d'un poème du journaliste rock et mentor du groupe Sandy Pearlman, poème

LIRE AUSSI

Amateur Amoureux Androgyne Angleterre Bootleg Border line Business Cheveux Cinéma Concert Dispute Double vie Drame Ego Engagé Fans Festivals Flower power, le rêve hippie Frenchie Guitare, amplis et autre matos Has been, démodé, ringue ! HUMOUR Icône Internet Jean, santiag, perfecto, la panoplie historique... Jeu de scène Junkies King Lâcheur

dans lequel un groupe d'aliens dirige en secret les destinées des humains...

Et Toc!

Les Red Hot Chili Peppers s'appelaient à l'origine Tony Flow and the Miraculously Majestic Masters of Mayhem (vous avez bien fait de changer, les gars). Mais même à ses débuts, le groupe ne manquait pas de piment : un jour, la bande de copains fraîchement sortie du lycée fut invitée à jouer dans un bar à strip-tease de Los Angeles. Voyant que les strip-teaseuses leur volaient la vedette, ils décident d'effectuer un rappel complètement nus avec juste une chaussette sur le pénis. Succès immédiat...

Line up Look Malédiction des 27 ou «27 Club» Marketing Médias Moto Noir Noms Opéra Papys PAROLES Pionniers Pochette Rockeuses SURNOMS Tribunal Tube U.S.A. Virtuose Whisky, alcool et autres boissons fortes Xylophone and co... Yéyé Zombies and co...

O comme OPÉRA

L'expression « opéra rock » désigne soit un album de rock dont les morceaux constituent la trame d'une histoire, soit une comédie musicale rock (conçue ou non à partir d'un album).

En pratique, on constate que la plupart des albums d'opéra rock ont été ultérieurement adaptés à la scène ou au cinéma, alors que tous les spectacles de rock opera ont donné lieu à des enregistrements d'albums. (Vous nous suivez ou vous voulez une aspirine ?)

On trouvera dans le genre des spectacles à succès, comme le très enthousiaste *Hair*, créé par MacDermot en 1967. Même si *Hair* est officiellement présenté comme une comédie musicale, la thématique est très rock : le spectacle met en scène un groupe d'amis hippies opposés à la guerre du

Viêt-nam, leurs luttes et leurs amours. Son côté antipatriotique et libertaire fera d'ailleurs scandale.

Dans un style très différent, voici *Tommy*, un album écrit par Pete Townshend pour les Who en 1969 ; il relate l'histoire tortueuse d'un enfant traumatisé, miraculeusement guéri, qui devient un gourou tellement exigeant que ses disciples finissent par l'abandonner. Malgré sa thématique légèrement rebutante, *Tommy* fut reçu avec enthousiasme par les fans et contribua beaucoup à la célébrité des Who.

Gros succès des années 1970, *Jesus Christ Superstar*, d'Andrew Lloyd Webber, mis en scène à Broadway, raconte les sept derniers jours de la vie du Christ. Ian Gillan délaissera même pour quelque temps le micro de Deep Purple pour y interpréter le rôle de Jésus !

Pour finir, impossible de ne pas citer *The Wall*, des Pink Floyd (1979), qui reste sans doute la référence en la matière.

LIRE AUSSI

Amateur Amoureux Androgyne Angleterre Bootleg Border line Business Cheveux Cinéma Concert Dispute Double vie Drame Ego Engagé Fans Festivals Flower power, le rêve hippie Frenchie Guitare, amplis et autre matos Has been, démodé, ringue ! Humour Icône INTERNET Jean, santiag, perfecto, la panoplie historique... Jeu de scène Junkies King Lâcheur

Et Toc !

L'opéra rock est un genre à la mode : impossible de passer à côté du battage médiatique orchestré autour de *Mozart, l'opéra rock*. Profitant de cet engouement, *La Révolution française*, un opéra rock ambitieux de Claude-Michel Schönberg, créé en 1973, devrait reprendre vie en 2012. Qui reprendra le rôle de Robespierre, joué à l'époque par Alain Bashung ?

P comme PAPYS

T'es ROCK ou t'es ringue ?

Sex, drugs and rock'n'roll... Alors que tant de rockers ont brûlé leur vie dans une jeunesse flamboyante (et trop courte), d'autres montrent une longévité exceptionnelle.

Avec presque cinquante ans de carrière, les Rolling Stones démontrent de façon magistrale que le rock n'est pas une question d'âge. Riches à millions, ils gardent leur image de rebelles hargneux et sexy, même s'ils peinent parfois à se renouveler musicalement. Mick, anobli par la reine d'Angleterre, possède un château en France, près d'Amboise, le château de Fourchette ; quand il vient (rarement), Keith Richards dort dans la chapelle. Devenus des légendes vivantes, ils enchaînent les tournées mondiales et déplacent les foules avec toujours autant d'énergie et de plaisir.

Énergie aussi pour la « Queen of Rock'n'roll », Tina Turner : à plus de soixante ans, la dame garde un look très glamour et une vitalité ébouriffante. Elle a percé en chantant en duo avec Ike Turner, son mari, qui la battait et dont elle divorcera. Elle a ensuite mené une carrière solo un peu chaotique jusqu'à un extraordinaire come-back en 1984, à quarante-cinq ans déjà. Bête de scène, Tina enchaîne les succès, les tournées et les Grammy Awards – ou Granny Awards ?

Parmi les rockers qui vieillissent bien et tiennent très correctement la route, citons aussi Deep Purple, un des groupes fondateurs du hard rock, qui joue depuis 1968 et entame une grande tournée européenne en 2010, Bruce Springsteen, qui brûle les planches à soixante ans passés, et côté Frenchies, Johnny qui chante depuis cinquante ans. Après avoir annoncé qu'il allait ralentir le rythme pour voir grandir ses enfants, Johnny-la-bête-de-scène s'est ravisé et repart pour une tournée intitulée *Jamais seul*. Son vieux copain Eddy Mitchell, lui, prévoit une sortie de scène très classe avec une ultime tournée sobrement intitulée *Ma Dernière Séance*.

À côté de ces monuments du rock, les dandys d'Indochine paraissent tout jeunes mais vont quand même fêter leurs trente ans de carrière.

LIRE AUSSI

Amateur Amoureux Androgyne Angleterre Bootleg Border line Business Cheveux Cinéma Concert Dispute Double vie Drame Ego Engagé Fans Festivals Flower power, le rêve hippie Frenchie Guitare, amplis et autre matos Has been, démodé, ringue ! Humour ICÔNE Internet Jean, santiag, perfecto, la panoplie historique... Jeu de scène Junkies King Lâcheur

Et Toc!

Les papys rockers continuent de vivre dangereusement : à soixante-deux ans, Keith Richards s'est gravement blessé à la tête en tombant d'un cocotier aux îles Fidji, perturbant ainsi la tournée européenne des Stones. Apprenant ça, Mick Jagger aurait lancé : « Pourquoi ne s'est-il pas contenté d'un Bounty ? » avant d'ajouter : « De toute façon, un Rolling Stones ne devrait jamais partir en vacances... » Ambiance...

Line up Look Malédiction des 27 ou « 27 Club » Marketing Médias Moto Noir Noms Opéra Papys Paroles PIONNIERS Pochette Rockeuses Surnoms Tribunal Tube U.S.A. Virtuose Whisky, alcool et autres boissons fortes Xylophone and co... Yéyé Zombies and co...

P

comme

PAROLES

T'es ROCK ou t'es ringue ?

Une guitare, une batterie et une basse ne suffisent pas à faire un bon morceau. Une chanson réussie, c'est avant tout de bonnes paroles. Poétiques, choquants, furieux, les textes du rock ont parfois laissé une empreinte plus indélébile encore que les longs solos de guitare.

En 1939, alors que le rock n'en était pas encore à ses balbutiements, la voix de Billie Holiday choquait l'Amérique en évoquant les « étranges fruits » des arbres du Sud sur un air de jazz. Une métaphore pour parler d'un tabou : les « fruits » suspendus aux branches sont en fait les Noirs lynchés à une époque où la ségrégation est encore de mise.

Le rock saura suivre ce chemin balisé par les bluesmen et aura aussi son lot de couplets fameux, et parfois tragiques. Dans *Hey Hey My My*,

P comme PAROLES

Neil Young chante une phrase qu'un autre rocker rendra tristement célèbre quelques années plus tard. *It's better to burn out than to fade away* (mieux vaut brûler franchement que se consumer à petit feu) est une des dernières lignes de la lettre d'adieux de Kurt Cobain avant son suicide. Quant à *Blowin' in the Wind* de Bob Dylan, ses paroles seront chantées par les milliers de manifestants de la marche sur Washington pour la paix et les droits civiques. Quelques décennies plus tard, une autre « protest song » accompagnera la réunification de l'Allemagne : *Wind of Change* de Scorpions. La chanson sera jouée avec 160 violoncelles emmenés par Rostropovitch pour le dixième anniversaire de la chute du mur.

Pourtant, l'émotion, la tristesse ou la rage ne dépendent pas que du sens des mots. Même sans chanter en anglais, certains parviennent à nous entraîner dans leur univers. Le succès mondial de groupes comme Rammstein, Die Ärzte, Die Toten Hosen (allemands), Ska-P (espagnol) ou même Sektor Gaza (russe) prouve que malgré la barrière de la langue, l'énergie et le timbre de la voix suffisent à transmettre le message.

LIRE AUSSI

Amateur Amoureux Androgyne Angleterre Bootleg Border line Business Cheveux Cinéma Concert Dispute Double vie Drame Ego ENGAGÉ Fans Festivals Flower power, le rêve hippie Frenchie Guitare, amplis et autre matos Has been, démodé, ringue ! Humour Icône Internet Jean, santiag, perfecto, la panoplie historique... Jeu de scène Junkies King Lâcheur

Et Toc !

On veut la v.o. !

En 2007 les quatre jeunes Allemands de Tokio Hotel se produisent au Zénith ; à cette époque, ils commencent à traduire certains de leurs textes en anglais pour toucher un plus large public. Mais à la grande surprise de Bill Kaulitz, les fans français réclament les chansons en allemand. « J'ai été sidéré de la réaction du public quand j'ai chanté en anglais. Je pensais lui faire plaisir mais, à chaque concert, les pancartes surgissaient : « Plus jamais en anglais ! »

P

comme

PIONNIERS

T'es ROCK ou t'es ringue ?

C'est toujours un peu déprimant de penser que le rock a plus de cinquante ans mais il faut se rendre à l'évidence : nos parents ont connu le rock avant nous ; ils ont vu dans leur télé en noir et blanc des chanteurs en costume cravate s'agiter avec une guitare et un matériel minimaliste.

On parierait volontiers que ces pionniers du rock, vous ne les connaissez pas ; pourtant ils méritent le détour.

C'est en 1951 que Ike Turner & The Kings of Rhythm enregistrent *Rocket 88*, considéré par certains comme le tout premier morceau de rock. Sa particularité ? Un son inédit, distordu, dû à un ampli rafistolé au ruban adhésif... Ike épouse ensuite une jeune chanteuse particulièrement prometteuse et crée le groupe Ike and Tina Turner qui produira

plusieurs tubes avant que le couple se sépare.

Chuck Berry non plus n'était pas un ange, mais quelle pêche ! Ce guitariste surdoué, très influencé par le blues, a composé des chansons (comme *Rock and Roll Music*) devenues des références et des sources d'inspiration pour beaucoup de rockers tels les Beatles, Jerry Lee Lewis, The Animals ou plus récemment Emmylou Harris dans le film *Pulp Fiction* de Tarantino. On préfère se souvenir de ses créations que de ses démêlés avec la justice.

Et Little Richard, le flamboyant créateur de *Tutti Frutti*, un des standards du rock'n'roll ? Il apparaissait sur scène maquillé, cheveux dressés sur la tête dans des tenues excentriques. Au cas où vous penseriez que son *Tutti Frutti* est un titre gentiment anodin sur la glace aux fruits confits, sachez que l'expression désigne en argot une « folle » et que la chanson parlait ouvertement d'homosexualité...

N'oublions pas Bill Haley, un des rares pionniers venus du Nord des États-Unis, il fait partie de ceux qui ont fait connaître le rock au grand public, dans le milieu blanc américain qui méconnaissait cette « musique de Noirs », mais aussi outre-Atlantique, notamment avec le célébrissime *Rock Around the Clock* qui a fait danser des générations d'adolescents...

LIRE AUSSI

Amateur Amoureux Androgyne Angleterre Bootleg Border line Business Cheveux CINÉMA Concert Dispute Double vie Drame Ego Engagé Fans Festivals Flower power, le rêve hippie Frenchie Guitare, amplis et autre matos Has been, démodé, ringue ! Humour Icône Internet Jean, santiag, perfecto, la panoplie historique... Jeu de scène Junkies King Lâcheur

Et Toc !

Hommage

La rock'n'roll attitude est aujourd'hui entrée dans les mœurs, et la liberté de création nous paraît normale, mais rendons justice aux premiers rockers : ils ont dû se battre pour faire accepter leur musique et leur style de vie. On n'imagine pas la violence paranoïaque des critiques qu'ils ont dû subir : le rock a été qualifié « d'aphrodisiaque dégoûtant », il était accusé de pervertir la jeunesse, de ravaler l'homme au rang d'animal, voire d'être utilisé par l'ennemi communiste pour affaiblir la nation…

Line up Look Malédiction des 27 ou « 27 Club » Marketing Médias Moto NOIR Noms Opéra Papys Paroles Pionniers Pochette Rockeuses Surnoms Tribunal TUBE U.S.A. Virtuose Whisky, alcool et autres boissons fortes Xylophone and co… Yéyé Zombies and co…

P
comme
POCHETTE

Pas besoin de faire compliqué pour réaliser une pochette de légende. Le *White Album* des Beatles est reconnaissable entre mille et pourtant sa pochette est simple : entièrement blanche avec pour seule inscription « The Beatles », elle tranche avec les fresques psychédéliques de l'époque.

Diverses théories circuleront sur la raison d'une telle sobriété : censure ? Discorde sur le visuel au sein du groupe ? Il semblerait que le blanc soit une idée de Paul. Chaque pochette du vinyle sera numérotée (pour la première série, qui comprend tout de même deux millions d'exemplaires). Les Beatles possèdent les 001, 002, 003 et 004 ; le 005 a été vendu sur Internet en 2008 pour plus de 24 000 euros.

Autre pochette mythique et minimaliste :

Atom Heart Mother de Pink Floyd. Le groupe voulait une pochette très simple. Le photographe Storm Thorgerson a alors décidé de partir prendre en photo la première chose qu'il trouverait et le hasard l'a amené à croiser Lulubelle III, une vache anglaise amenée à devenir la star bovine d'une des jaquettes les plus célèbres du rock.

Qui dit pochette dit aussi polémique. Il serait interminable de citer toutes les images qui ont choqué par leur irrévérence, leur violence ou leur aspect morbide. Parmi les plus connues, on peut citer celle du premier album de Rage Against the Machine montrant un bonze vietnamien en train de s'immoler par le feu en signe de protestation. Nirvana aura également sa pochette choc avec *Nevermind* : dans une piscine limpide, un bébé nu nage vers un billet accroché à un hameçon. Critique acerbe contre la société de consommation, la pochette participera à la fulgurante ascension du groupe au début des années 1990.

La palme de la pochette la plus glauque revient au groupe de black metal norvégien Mayhem. Lorsque le guitariste Euronymous (assassiné depuis par un autre membre du groupe) découvre le chanteur Per Yngve Ohlin suicidé d'une balle dans la tête, il prend des photos du cadavre. Le cliché illustrera la pochette de l'album live « semi-officiel »

LIRE AUSSI

Amateur Amoureux Androgyne Angleterre Bootleg BORDER LINE Business Cheveux Cinéma Concert Dispute Double vie Drame Ego Engagé Fans Festivals Flower power, le rêve hippie Frenchie Guitare, amplis et autre matos Has been, démodé, ringue ! HUMOUR Icône Internet Jean, santiag, perfecto, la panoplie historique... Jeu de scène Junkies King

appelé *Dawn of the Black Hearts*. Non content d'avoir immortalisé la scène, Euronymous ramassera en plus quelques morceaux de crâne pour en faire des colliers en souvenir. Charmant.

Et Toc!

Le grand maître du pop art Andy Warhol a réalisé plusieurs pochettes célèbres, dont celle du fameux album à la banane *The Velvet Underground & Nico*. La pochette est ornée d'une banane autocollante à côté de laquelle est écrit *Peel slowly and see* (Peler lentement pour voir). Sous le sticker, on découvre une banane rose (inutile de dire à quoi ça peut faire penser).

R
comme
ROCKEUSES

Le rock se décline rarement au féminin ; il suffit de lire les paroles franchement misogynes de certaines chansons pour se convaincre que le milieu ne fait pas la part belle aux femmes.

D'ailleurs, les pionnières du rock sont tombées dans l'oubli, écrasées par un environnement trop machiste ; il fallut attendre les années 1960-1970 pour qu'apparaissent des pointures au talent reconnu comme Janis Joplin, Patti Smith, ou Marianne Faithfull. Depuis, les filles tiennent sans complexe le devant de la scène, souvent au chant, plus rarement aux instruments (comme D'arcy Wretzky, bassiste des Smashing Pumpkins, et Meg White, batteuse des White Stripes).

Certaines ont imposé des personnalités et des looks très affirmés, voire déjantés, comme Nina

Hagen, ses cheveux roses et ses performances vocales opéra punk, ou Amy Winehouse, dont le look et les frasques défrayent la chronique alors que ses prestations musicales (à jeun) et sa voix old school lui valent tous les hommages. Que dire de la très décomplexée Beth Ditto, la chanteuse de Gossip, provocatrice et féministe, qui assume avec brio ses rondeurs, revendique son homosexualité et milite pour la libération du corps...

D'autres rockeuses assument carrément un look très féminin, brisant sans doute le dernier tabou qui veut qu'une jolie fille à talons aiguilles ne puisse être qu'une groupie. Ainsi la Britannique PJ Harvey, qui n'a plus grand-chose à prouver côté musique, ne recule pas devant la minijupe au gré de ses humeurs.

LIRE AUSSI

Amateur Amoureux Androgyne Angleterre Bootleg Border line Business CHEVEUX Cinéma Concert Dispute Double vie Drame Ego Engagé Fans Festivals Flower power, le rêve hippie Frenchie Guitare, amplis et autre matos Has been, démodé, ringue ! Humour Icône Internet Jean, santiag, perfecto, la panoplie historique... Jeu de scène Junkies King Lâcheur

Et Toc!

Les groupes de filles sont rares. En 1975, les Runaways, jeunes, belles et glams, menées par leur leader Joan Jett qui fera par la suite une jolie carrière en solo, pratiquent un rock énergique tendance hard punk qui n'a rien à envier aux mâles. Leur brève carrière est évoquée par un film récent, dans lequel la jeune actrice Kristen Stewart délaisse les vampires de *Twilight* pour s'essayer au micro. Courageux…

S comme SURNOMS

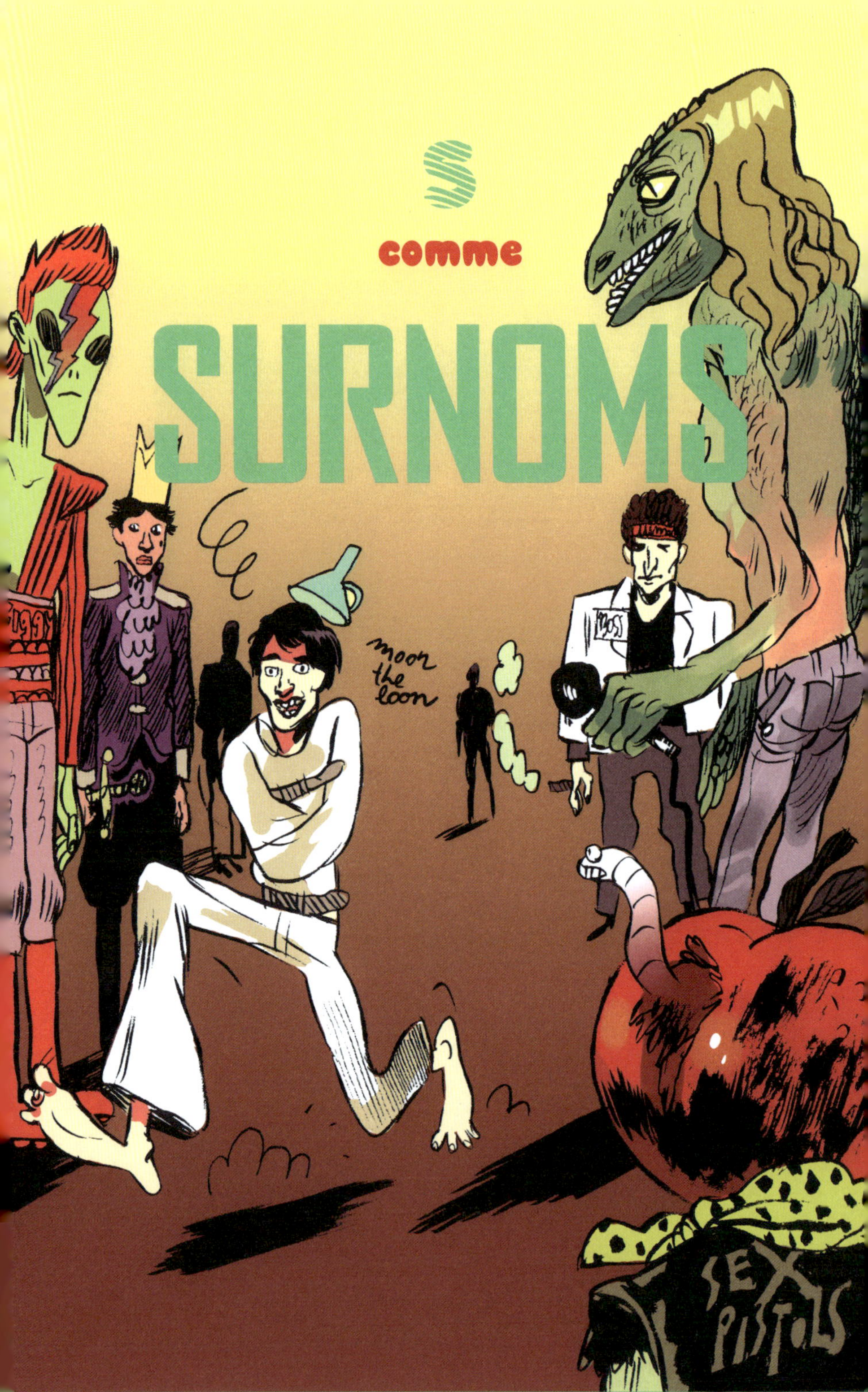

Dans le rock, on ne manque pas d'imagination pour trouver des surnoms.

Il y en a qui sont carrément classe, d'autres qui riment, d'autres un peu méchants. Keith Moon par exemple, son surnom « Moon the Loon » signifie « Moon le cinglé ». C'est pas mal et ça sonne bien mais ça reste un peu facile. Plus percutants, les Sex Pistols ont baptisé leur chanteur Johnny « Rotten » (pourri) en hommage à son caractère infect.

Pour Bruce Springsteen, « The Boss », c'est sans fioritures et ça veut dire ce que ça veut dire ; on sent les années de carrière et la voix puissante prête à chanter *Born in the USA*.

Prince et David Bowie, c'est plus compliqué ; ces deux-là sont de perpétuels insatisfaits, ils créent

leurs propres surnoms et ils en changent aussi souvent que de chemise.

Au fil des albums, Prince a collectionné une bonne dizaine de noms aussi farfelus que Tora Tora, Azifwekare ou TAFKAP (The Artist Formerly Known As Prince), et même un surnom imprononçable appelé « the last symbol ». Pour le grand public, qui aime faire simple, il reste le « Kid » de Minneapolis.

Quant à Bowie, il change de costume, de surnom et de personnage à chaque décennie. Chanteur extraterrestre sous le pseudonyme Ziggy Stardust, Bowie est ensuite devenu le « Thin White Duke », (le maigre duc blanc) pour sa période années 1980. Il ira ensuite chercher l'inspiration à Berlin où il retrouvera un autre « surnommé » fameux en la personne d'Iggy Pop. Alors que la Guerre froide arrivait à terme, « le Caméléon » rencontre « l'Iguane » en pleine dépression et l'aidera à se défaire de ses vieux démons. Pourquoi l'iguane au fait ? Avant de devenir le leader et le chanteur des Stooges, James Österberg a été batteur pour The Iguanas où il prendra son surnom d'Iguane, rapidement raccourci en « Iggy ». Ça lui va bien : avec sa silhouette presque décharnée, sa musculature étrange et ses yeux exorbités, Iggy Pop a un look indescriptible mais assez « reptilien ». Un animal

LIRE AUSSI

Amateur Amoureux Androgyne Angleterre Bootleg Border line Business Cheveux Cinéma Concert Dispute Double vie Drame EGO Engagé Fans Festivals Flower power, le rêve hippie Frenchie Guitare, amplis et autre matos Has been, démodé, ringue ! HUMOUR Icône Internet Jean, santiag, perfecto, la panoplie historique... Jeu de scène Junkies King Lâcheur

à sang froid qu'on imagine capable de survivre à une explosion atomique, deux ou trois chutes de météorites et à l'arrivée de la Star Academy. Voire même de faire des choses aussi improbables que chanter le générique des *Zinzins de l'espace.* Mais ça il l'a vraiment fait...

Et Toc !

Dans le hard rock ou le metal, certains n'hésitent pas à en faire des tonnes pour bien montrer qu'ils ne sont pas des enfants de chœur. Ozzy Osbourne par exemple. Lui c'est carrément « The Prince of Darkness ». Prince des ténèbres, rien que ça. Il pourra toujours prendre le thé avec Marilyn Manson qui a modestement opté pour « Antichrist Superstar ».

T

comme

TRIBUNAL

Un rocker, on le sait, passe l'essentiel de son temps entre la scène et le studio d'enregistrement.

Pourtant, il arrive que certains fassent un détour du côté des postes de police ou des tribunaux. Pour des raisons plus ou moins graves : quelques-uns auront juste commis des erreurs de jeunesse comme Jimi Hendrix qui, mêlé à une affaire de vol de voiture, préfèra s'enrôler dans l'armée pour éviter la case prison, ou Liam Gallagher qui crevait les pneus des bolides des joueurs de Manchester United (étant supporter du club voisin de Manchester City !).

D'autres en revanche, impliqués dans des affaires criminelles, resteront un moment sous les verrous. Parmi eux, Bertrand Cantat. Le chanteur

de Noir Désir passa sept ans en prison pour avoir tué sa compagne, Marie Trintignant, lors d'une dispute. L'activité du groupe fut alors mise entre parenthèses avant que le guitariste Serge Teyssot-Gay ne mette un point final à l'aventure. Autre bagnard rock'n'roll : Phil Spector ; le producteur américain des Beatles, inventeur excentrique de la technique d'enregistrement appelée « mur du son », a été condamné à dix-neuf ans de prison après avoir été reconnu coupable du meurtre de l'actrice Lana Clarkson, retrouvée morte avec une balle dans la tête dans le manoir californien de Spector...

Les rockers se retrouvent parfois dans le rôle de la victime. « Dimebag » Darrell Abbott, le guitariste de Pantera, fut assassiné sur scène lors d'un concert avec son nouveau groupe, Damageplan. Le meurtrier, Nathan Gale, qui souffrait de troubles psychologiques, sauta sur scène pour abattre le guitariste de cinq balles dans la tête avant de se retourner contre la foule et de tuer quatre autres personnes. Dimebag Darrell rejoint ainsi John Lennon, dans le peu enviable cercle des rockers assassinés. L'ex-Beatles reçut quatre balles de revolver devant chez lui, à New York, sous les yeux de sa femme Yoko Ono ; on ne comprit jamais vraiment les motivations de l'assassin, Mark David Chapman, un fan déçu en quête de célébrité...

LIRE AUSSI

Amateur Amoureux Androgyne Angleterre Bootleg Border line Business Cheveux Cinéma Concert Dispute Double vie DRAME Ego Engagé Fans Festivals Flower power, le rêve hippie Frenchie Guitare, amplis et autre matos Has been, démodé, ringue ! Humour ICÔNE Internet Jean, santiag, perfecto, la panoplie historique... Jeu de scène Junkies King Lâcheur

Et Toc !

Le chanteur de soul Marvin Gaye eut droit à une peine originale. Coupable de violences conjugales, il fut condamné à écrire un disque dont les bénéfices seraient reversés à sa femme. Gaye pensa d'abord se débarrasser de la corvée en bâclant le travail mais il se prit au jeu et réalisa un album, très personnel, qui compte parmi ses meilleurs. L'intérieur de la pochette montre la main de Marvin tendant le disque à son ex-femme au-dessus d'un plateau de Monopoly couvert de limousines et autres objets coûteux...

T

comme

TUBE

Mais comment font-ils ? Qu'est-ce qui fait la différence entre un bon vieux morceau et un mégatube planétaire ? Vaste question... Évidemment, il peut être utile d'avoir un peu de talent, de virtuosité, de chance, mais il y faut aussi :

Un titre accrocheur : provoc avec *Cocaine* de Clapton, euphorisant avec *We Will Rock You* de Queen, évocateur avec *Highway to Hell* (AC/DC)... Le titre serait-il LE secret ? Pas si sûr : force est de reconnaître qu'il y a aussi des tubes aux titres totalement neuneu comme *I Want to Hold Your Hand* des Beatles...

Le titre peut être mal compris : ainsi *Born in the USA* de Springsteen a-t-elle été reçue comme une chanson célébrant les valeurs patriotiques américaines alors

qu'elle condamne la guerre du Viêt-nam. On ne saura jamais si la chanson est devenue un tube à cause de cette méprise, ou malgré elle...

Viser large : John Lennon confiera à la presse à propos d'*Imagine* : « La chanson est enrobée de chocolat pour toucher le grand public. » Il voulait parler des violons, ajoutés au dernier moment. Trop modeste, John !

Un solo ou une mélodie à tomber par terre et facile à retenir : ça a super bien marché avec *Stairway to Heaven* de Led Zeppelin, ou *Still Loving You* de Scorpions, immense succès qui fut, d'après le guitariste Matthias Jabs, responsable du plus grand baby-boom depuis la Seconde Guerre mondiale. Le riff lancinant, terriblement efficace, rapporte bien aussi, comme celui de *Smoke on the Water* de Deep Purple ou *Seven Nation Army* des White Stripes.

Une histoire émouvante : le top en la matière est le *Candle in the Wind*, écrit par Elton John en hommage à Marilyn Monroe, et repris par le même Elton vingt ans plus tard, au moment de la mort de Lady Diana. Deux icônes à la mort tragique pour une seule chanson, ce ne serait pas un peu too much, Elton ?

LIRE AUSSI

Amateur Amoureux Androgyne Angleterre Bootleg Border line Business Cheveux Cinéma Concert Dispute Double vie Drame EGO Engagé FANS Festivals Flower power, le rêve hippie Frenchie Guitare, amplis et autre matos Has been, démodé, ringue ! Humour Icône Internet Jean, santiag, perfecto, la panoplie historique... Jeu de scène Junkies King Lâcheur

Et Toc !

Le disque d'or le plus space… Les sondes spatiales Voyager, lancées par la NASA, ont embarqué, en plus de leurs instruments sophistiqués tels le capteur de rayons cosmiques ou le détecteur de plasma, un disque étrange. Ce *Voyager Golden Record* contient des sons et des images sélectionnés pour dresser un portrait de la diversité de la vie et de la culture sur Terre. Pour qui ? Les extraterrestres, bien sûr, au cas où la sonde en croiserait quelques-uns. On y trouve un curieux pot pourri mêlant des chansons aborigènes d'Australie au concerto brandebourgeois n°2 de Jean-Sébastien Bach… et également *Johnny b. Goode* de Chuck Berry, un grand succès rock des années 1950 devenu un classique. Sera-t-il un jour le premier tube intergalactique ?

Line up Look Malédiction des 27 ou « 27 Club » Marketing Médias Moto Noir NOMS Opéra Papys Paroles Pionniers Pochette Rockeuses Surnoms Tribunal Tube U.S.A. Virtuose Whisky, alcool et autres boissons fortes Xylophone and co… Yéyé Zombies and co…

U comme U.S.A.

T'es ROCK ou t'es ringue ?

Souvent opposés mais jamais départagés, le rock d'outre-Manche et celui d'outre-Atlantique ont écrit à eux deux la plus grande partie de l'histoire du rock.

Celle-ci commence d'ailleurs aux États-Unis bien avant que la jeunesse londonienne ne touche à ses premières guitares électriques. Né du mélange du blues et de la country, le rock est avant tout une invention américaine. Ray Charles, Fats Domino ou Chuck Berry seront les premiers grands noms du « rhythm and blues » qui enfantera vite un nouveau genre de musique : le rock'n'roll. L'Amérique se prend au jeu et adopte vite ce style de musique provocateur et entraînant. Elvis et les rockabillies seront les premières grandes stars du rock US avant d'être remplacés par le premier grand « groupe », les Beach Boys. Inspirés par

l'insouciance de la jeunesse, le surf et la Californie, ils exporteront le rêve américain jusqu'en Angleterre où le mouvement rock éclatera et finira par faire de l'ombre au grand frère. La revanche d'outre-Atlantique arrivera dans les années 1970 : le mouvement hippie et l'hostilité à la guerre du Viêt-nam feront naître une nouvelle branche du rock plus militante, imprégnée de pacifisme et utilisant les drogues comme source d'inspiration. C'est la naissance du rock psychédélique de Jefferson Airplane et des Doors aux longs solos de guitare et aux textes extravagants voire mystiques. Le rock fait alors partie de la culture populaire et se rapproche de l'art contemporain. Andy Warhol crée la Factory où le Velvet Underground expérimente de nouveaux sons et sort des sentiers battus. Les années 1980 seront plus hétéroclites : pendant cette période, le rock US se séparera en plusieurs « familles » bien distinctes. La new wave de Blondie cohabitera avec le heavy metal de Nine Inch Nails et Metallica tandis que le hard rock de Guns N' Roses commencera à remplir les stades.

Nouvelle décennie, nouvelle musique : les années 1990 sont un bon cru pour le rock « made in USA » qui envahit les radios du monde entier avec le grunge de Pearl Jam et Nirvana et les « punks à roulettes » d'Offspring ou Blink 182. Depuis, le rock US va bien. Les guitares saturées des Strokes

LIRE AUSSI

Amateur Amoureux Androgyne ANGLETERRE Bootleg Border line Business Cheveux Cinéma Concert Dispute Double vie Drame Ego Engagé Fans Festivals Flower power, le rêve hippie FRENCHIE Guitare, amplis et autre matos Has been, démodé, ringue ! Humour Icône Internet Jean, santiag, perfecto, la panoplie historique... Jeu de scène Junkies King

ou des White Stripes et les opéras punk de Green Day s'attirent les faveurs des majors autant que des critiques.

Divisé en dizaines de branches, le rock US peut difficilement être pris dans son ensemble, mais semble un vivier de talents inépuisable qui rappellent chacun à leur façon que le rock'n'roll est bien lui aussi « born in the USA ».

V
comme
VIRTUOSE

T'es ROCK ou t'es ringue ?

Certaines rock stars sont aussi de véritables virtuoses. L'exemple qui vient tout de suite à l'esprit, c'est évidemment les gratteurs de guitares. Jouer très vite, très longtemps et très compliqué : tout un art dans lequel certains sont passés maîtres. Premier « guitar hero » de l'histoire, Hendrix reste une icône difficile à égaler.

Après avoir passé son enfance à jouer sur une fausse guitare, le jeune Jimi est vite passé aux choses sérieuses jusqu'à impressionner les publics de Woodstock et Monterey avec d'incroyables solos improvisés... parfois même joués avec les dents, ou avec sa guitare dans le dos ! Hendrix fait partie des quelques guitaristes (avec Carlos Santana et Frank Zappa) qui sont arrivés à faire sonner leur instrument comme une voix humaine.

Depuis, nombre de « guitar heroes » se sont illustrés en mixant une technique impressionnante et une touche personnelle qui ont rendu leur jeu reconnaissable entre mille. Ainsi les solos de Clapton seront teintés d'accords de blues ou joués en acoustique alors que l'excentrique Suédois Yngwie Malmsteen préférera composer de véritables symphonies pour orchestre et guitares électriques. Enfin, certains chercheront simplement à repousser les limites en faisant primer la vitesse sur la musicalité du morceau. Le champion de la discipline s'appelle Michael Angelo Batio. Nommé « guitariste le plus rapide du monde », celui qu'on surnomme « MAB » n'est pas un habitué des disques d'or mais son jeu laisse généralement le spectateur sans voix. Avec des mouvements tellement rapides qu'ils en deviennent à peine visibles et sa maîtrise de la guitare à deux, voire quatre manches, Batio est presque une bête de foire !

Mais le rock n'a pas que des guitaristes comme virtuoses. Certains chanteurs ont également des capacités hors du commun. La punko-gothico-rebelle germanique Nina Hagen se destinait à l'origine au chant classique et à l'opéra et ça s'entend. Quant à Freddie Mercury, le débat fait rage sur l'étendue de sa gamme. Certains parlent d'une voix couvrant jusqu'à quatre octaves. Toujours utile pour faire entendre ses vocalises sur *Bohemian Rhapsody* !

LIRE AUSSI

AMATEUR Amoureux Androgyne Angleterre Bootleg Border line Business Cheveux Cinéma Concert Dispute Double vie Drame Ego Engagé Fans Festivals Flower power, le rêve hippie Frenchie GUITARE, AMPLIS ET AUTRE MATOS Has been, démodé, ringue ! Humour Icône Internet Jean, santiag, perfecto, la panoplie historique Jeu de scène Junkies King

T'es ROCK ou t'es ringue ?

Lâcheur Line up Look Malédiction des 27 ou «27 Club» Marketing Médias Moto Noir Noms Opéra Papys Paroles Pionniers Pochette Rockeuses Surnoms Tribunal Tube U.S.A. Virtuose Whisky, alcool et autres boissons fortes Xylophone and co... Yéyé Zombies and co...

W

comme

WHISKY, ALCOOL ET AUTRES BOISSONS FORTES

T'es ROCK ou t'es ringue ?

Sobriété et rock'n'roll ne font traditionnellement pas bon ménage.

L'alcool, la drogue et la cigarette forment un triptyque de produits mauvais pour la santé qui ont néanmoins les faveurs de bien des rockers. De savants calculs ont montré que depuis le début de sa carrière à la fin des années 1960, le coriace Lemmy Kilmister, chanteur de Motörhead, aurait ingurgité environ mille fois son poids en whisky. L'autobiographie du monsieur rapporte une amusante anecdote sur le sujet : atterré par les résultats d'une analyse médicale, un médecin aurait vivement déconseillé à Kilmister de donner son sang, celui-ci étant tellement chargé en produits toxiques qu'il pourrait devenir dangereux de le transfuser à un patient sain...

Tous ne sont pas aussi résistants aux ravages de la boisson : Bon Scott, premier chanteur d'AC/DC et Jimi Hendrix ont fait les frais de leurs abus en s'éteignant en pleine gloire à cause de la bouteille.

L'âge et l'expérience ne suffisent pas toujours à freiner la consommation d'alcool des stars du rock : la cinquantaine déjà bien passée, les métalleux de Mötley Crüe continuent d'exiger une caisse de Jack Daniels avant chaque concert. Pourtant, certains s'assagissent, voire passent du côté de la production. Ainsi, Marilyn Manson a poussé sa passion pour l'absinthe jusqu'à concevoir et commercialiser sa propre boisson produite dans les montagnes suisses. Si on imagine assez mal Manson se promener dans les verts pâturages du pays des coucous et du chocolat, il semblerait pourtant que les spécialistes aient apprécié sa version de la fameuse « fée verte » qui frôle quand même les 80° d'alcool. À consommer avec grosses guitares mais modération.

LIRE AUSSI

Amateur Amoureux Androgyne Angleterre Bootleg Border line Business Cheveux Cinéma Concert Dispute Double vie Drame Ego Engagé Fans Festivals Flower power, le rêve hippie Frenchie Guitare, amplis et autre matos Has been, démodé, ringue ! Humour Icône Internet Jean, santiag, perfecto, la panoplie historique... Jeu de scène JUNKIES King Lâcheur

T'es ROCK ou t'es ringue ?

Line up Look Malédiction des 27 ou «27 Club» Marketing Médias Moto Noir Noms Opéra Papys Paroles Pionniers Pochette Rockeuses Surnoms Tribunal Tube U.S.A. Virtuose Whisky, alcool et autres boissons fortes Xylophone and co... Yéyé Zombies and co...

X comme XYLOPHONE AND CO...

Le xylophone n'est pas vraiment le chouchou des rockers mais quand même, en cherchant bien, on trouve parmi ses adeptes le groupe Arcade Fire, de Montréal. Les Canadiens n'hésitent pas à jouer des mailloches ; ils ont d'ailleurs une palette d'instruments très éclectique comprenant, outre le xylophone, la harpe, l'accordéon et la vielle à roue.

Ils ne sont pas les seuls rockers à expérimenter des instruments étranges : dès la fin des années 1960, Brian Jones, par exemple, adorait ça, et introduisait dans les chansons des Rolling Stones du marimba (un instrument de percussion d'Amérique latine), de l'harmonica, ou du mellotron, une sorte de clavier polyphonique utilisant des minibandes magnétiques. C'est bien sûr à Jones qu'on doit les célébrissimes riffs de sitar de *Paint it black*.

X comme XYLOPHONE AND CO...

Certains instruments classiques peuvent aussi apporter une touche originale : ainsi Ian Anderson, chanteur et musicien de Jethro Tull, joue un brillant solo de flûte traversière dans *Aqualung* (1971). Anderson utilise aussi, à l'occasion, le violon et la mandoline. Celle-ci fait aussi partie de la gamme d'instruments d'un autre groupe de rock progressif, Gentle Giant. Les frères Schulman, créateurs de Gentle Giant, ainsi que les autres membres du groupe, étaient multi-instrumentistes et on trouve dans leurs morceaux de la guitare, du saxophone, du xylophone, de la trompette, de la flûte à bec et du violoncelle.

Plus récemment, les Irlandais des Corrs n'hésitent pas à utiliser des instruments de la musique celtique, comme la flûte et le tambour traditionnels irlandais. Et les Finlandais d'Apocalyptica ont créé un groupe de metal sans guitare ni basse, composé de trois violoncelles et une batterie. Leurs compositions doivent autant à Rostropovitch, Chostakovitch et Grieg, qu'à... Metallica et Sepultura !

LIRE AUSSI

Amateur Amoureux Androgyne Angleterre Bootleg Border line Business Cheveux Cinéma Concert Dispute Double vie Drame Ego Engagé Fans Festivals Flower power, le rêve hippie Frenchie GUITARE, AMPLIS ET AUTRE MATOS Has been, démodé, ringue ! Humour Icône Internet Jean, santiag, perfecto, la panoplie historique... JEU DE SCÈNE Junkies

King Lâcheur Line up Look Malédiction des 27 ou « 27 Club » Marketing Médias Moto Noir Noms Opéra Papys Paroles Pionniers Pochette Rockeuses Surnoms Tribunal Tube U.S.A. VIRTUOSE Whisky, alcool et autres boissons fortes Xylophone and co... Yéyé Zombies and co...

comme YÉYÉ

de haut en bas
et de gauche
à droite : Serge Gainsbourg,
France Gall, Sylvie Vartan,
Johnny Hallyday, Sheila,
Claude François.

Yé, c'est le « yes » ou plutôt le « yeaaaah » des Elvis ou Gene Vincent, repris par Johnny Hallyday et les vedettes du twist made in France dans les années 1960. En pratique, ça donne ça :

Rythme le twist, ouais,
Donne-moi la main, là
Yééé, tu t'y prends bien
Continue comme çaaaaaa...
Un tour autour de moi,
Balance encore tes bras,
Yéééé, viens sur mon cœur
Et rythme le twist, yéééé.

En 1959, la jeune radio Europe N°1 crée l'émission *Salut les copains*, que les ados écoutent sur leur transistor. Deux heures de tubes américains, anglais mais surtout français. Trois ans plus tard

est lancé le magazine du même nom. À la une, Johnny bien sûr, mais aussi des vedettes américaines bien de chez nous : Eddy Mitchell (Claude Moine), Dick Rivers (Hervé Forneri), Sheila (Annie Chancel)... Et si les paroles des chansons sont en français, les rythmes sont anglo-saxons. Pas toujours très rock, mais quand même.

Le 22 juin 1963, *Salut les copains* organise un grand concert gratuit à Paris pour fêter son premier anniversaire. C'est de la folie : la place est noire de jeunes, Johnny a du mal à atteindre la scène, il y a quelques incidents. Quelques jours plus tard sort dans *Le Monde* un article très sérieux d'analyse sur les jeunes dont la seconde partie s'intitule « *Le Yé-Yé* ».

Extrait : « *L'exaltation du yé-yé peut porter en germe la fureur du blouson noir, le refus solitaire du beatnik, mais aussi elle peut être la préparation purificatrice à l'état de salarié marié, casé, intégré, jouissant.* »

L'expression « yé-yé » est tellement bien trouvée qu'elle va immédiatement désigner pour les vieux, les « croulants », bref, les parents, tous ces jeunes qui se laissent pousser les cheveux, chantent mal des chansons remplies de « yeah » et de « woo-woo » et dansent en se déhanchant sur des rythmes décadents. Avec ses yé-yés, de Johnny Hallyday

LIRE AUSSI

Amateur Amoureux Androgyne Angleterre Bootleg Border line Business Cheveux Cinéma Concert Dispute Double vie Drame Ego Engagé Fans Festivals Flower power, le rêve hippie FRENCHIE Guitare, amplis et autre matos HAS BEEN, DÉMODÉ, RINGUE ! Humour Icône Internet Jean, santiag, perfecto, la panoplie historique... Jeu de scène Junkies King

à Claude François, la France est entrée en même temps dans l'ère du rock'n'roll et des variétés.

Z

comme

ZOMBIES AND CO...

Zombies, morts vivants, macchabées et créatures d'outre-tombe : tout un programme ! Le morbide et le surnaturel sont devenus au fil des années un des thèmes favoris du rock.

Dans les années 1970, Black Sabbath a lancé la mode en créant un univers inspiré des films d'horreur. Le groupe se forge une réputation sulfureuse et le chanteur Ozzy Osbourne est surnommé « le Prince des Ténèbres ». Sur scène, il va jusqu'à arracher la tête d'une chauve-souris lancée par un fan avec les dents...

Les années 1980 auront aussi leur lot de zombies et de créatures squelettiques : outre le fameux clip de *Thriller* où Michael Jackson danse entouré de morts vivants, la décennie marque l'émergence d'Iron Maiden. Le groupe britannique s'entoure

de décors pharaoniques représentant momies, monstres et autres joyeusetés. La mascotte du groupe, Eddie, est d'ailleurs un zombie, il est représenté sur chacune de leurs pochettes et fait partie du décor de leurs tournées.

Horrifiés par la mauvaise influence potentielle de chansons aux noms aussi évocateurs que *Number of the Beast* ou *Transylvania*, certains parents iront jusqu'à intenter des procès aux stars du rock. Ozzy Osbourne comparaîtra ainsi devant des tribunaux, accusé d'avoir caché des messages occultes dans ses chansons, alors que Marilyn Manson sera interdit de séjour dans plusieurs villes américaines. Pourtant, les champions de l'effroi sur scène ne sont pas forcément des adorateurs de Satan une fois leur costume rangé au placard : après avoir blasphémé et hurlé le nom du démon sur scène, les membres d'Iron Maiden affirment aimer le football et le golf. Un sport dont est également passionné le « démoniaque » Alice Cooper qui a aussi ouvert un restaurant et participé à des opérations de sauvegarde du patrimoine, en finançant notamment le dernier « O » du célèbre panneau « Hollywood ».

LIRE AUSSI

Amateur Amoureux Androgyne Angleterre Bootleg BORDER LINE Business Cheveux Cinéma Concert Dispute Double vie Drame Ego Engagé Fans Festivals Flower power, le rêve hippie Frenchie Guitare, amplis et autre matos Has been, démodé, ringue ! Humour Icône Internet Jean, santiag, perfecto, la panoplie historique... JEU DE SCÈNE Junkies King

Et Toc! ceci n'est pas un ABÉCÉDAIRE

Lâcheur Line up **LOOK** Malédiction des 27 ou «27 Club» Marketing Médias Moto **NOIR** Noms Opéra Papys Paroles Pionniers Pochette Rockeuses Surnoms Tribunal Tube U.S.A. Virtuose Whisky, alcool et autres boissons fortes Xylophone and co... Yéyé Zombies and co...

Et Toc!

ceci n'est pas un ABÉCÉDAIRE!

Nous voilà déjà arrivés à la fin de ce petit voyage sur la planète rock et on a un peu l'impression qu'on vient à peine de commencer, tant il y aurait de choses à ajouter. Tu n'es pas trop frustré ? C'est vrai, on aurait aussi pu te parler…

… du zeppelin en forme de cochon caché sur une pochette des Pink Floyd

de l'opéra punk *American Idiot* de Green Day

de la recette de saucisse/purée de Keith Richards,

de l'influence du *Seigneur des anneaux* sur les textes de Led Zeppelin

des maquettes de train de Rod Stewart

du dessin animé français *Oggy et les cafards* et sa référence aux trois frères Ramones (Deedee, Marky, Joey)

de Michael Moore qui réalisa un clip de Rage Against the Machine

de l'engagement de Paul McCartney dans le mouvement Meat Free Monday (un jour sans viande par semaine)

du groupe de heavy metal Manowar qui écrivit une chanson en dix langues différentes, dont le dialecte viking…

Quiz

1. Quel est le nom du spectateur qui se chargea de reprendre la batterie de Keith Moon lorsqu'il s'écroula en plein concert, assommé par une drogue pour cheval, lors de la tournée *Quadrophenia* des Who en 1973 ?

1. Scot Halpin
2. Barak Obama
3. Michael Moore
4. Woody Allen

2. Laquelle de ces boissons porte le nom d'un groupe ?

1. Orangina
2. Oasis
3. Schweppes
4. Canada Dry

3. Lequel de ces junkies n'est pas un rocker ?

1. Eric Clapton
2. Diego Maradona
3. Peter Doherty
4. Keith Richards

4. Qui, parmi ces rockers, n'a pas été anobli par la reine d'Angleterre ?

1. Paul McCartney
2. Sid Vicious
3. Mick Jagger
4. Cliff Richard
5. Bob Geldof
6. Elton John

5. Lesquels de ces groupes ne comprennent pas deux frères ?

1. ZZ Top
2. Tokio Hotel
3. Oasis
4. AC/DC
5. The Beach Boys
6. The Bee Gees
7. Dire Straits

6. Lequel de ces groupes n'existe pas ?

1. The presidents of the USA
2. America
3. Dead Kennedys
4. Air Force One
5. Stars and Stripes

7. Lequel de ces batteurs n'a qu'un bras ?

1. John Bonham (Led Zeppelin)
2. Dave Grohl (Nirvana)
3. Steward Copeland (Police)
4. Rick Allen (Def Leppard)

8. Vrai ou faux ? Voici leurs vrais prénoms :

1. Mick Jagger : Mike
2. Jim Morrison : James
3. Serge Gainsbourg : Lucien
4. Elvis Presley : Pelvis
5. Freddie Mercury : Farrokh

suite...

9. Lequel de ces artistes a vendu le plus de billets de concert (en solo) de toute l'histoire de la musique ?

1. Céline Dion
2. Tina Turner
3. Michael Jackson
4. Bruce Springsteen

10. Un riff est :

1. Le nom d'une drogue dure tirée d'une plante mexicaine
2. Un court motif musical, facile à mémoriser, repété plusieurs fois dans un morceau
3. Une séance musicale improvisée, basée sur des standards que tout le monde connaît

11. Vélocités radiales dans le nuage de poussière zodiacal : de quoi diable s'agit-il ?

1. Le titre d'une thèse de doctorat en astrophysique soutenue par le guitariste de Queen, Brian May
2. Les paroles d'une chanson composée par Jim Morrison pour les Doors
3. Le nom d'un groupe de rock alternatif allemand des années 1980
4. Le nom d'un stage organisé par Maharishi Mahesh Yogi, le gourou de John Lennon

12.

Walter Eikrem, un jeune écolier norvégien de treize ans, s'est retrouvé face à une meute de loups en sortant de l'école. En passant de la musique sur son téléphone portable, il a réussi à s'échapper. Comment a-t-il fait ?

1. Les loups se sont endormis en écoutant du James Blunt
2. Les loups ont préféré battre en retraite plutôt que de continuer à écouter le groupe de post grunge Creed
3. Les loups se sont enfuis devant le vacarme causé par le power metal scandinave de Sonata Arctica
4. Les loups ont préféré attaquer le téléphone portable qui passait du Tokio Hotel

13.

Il n'y a pas que des groupes anglais et américains dans le monde du rock. Lequel de ces groupes n'est pas australien ?

1. AC/DC
2. INXS
3. Midnight Oil
4. The Raconteurs

suite...

Quiz

14. C'est un grand classique pour les groupes de hard rock : pour accompagner les solos de guitare, quoi de mieux que quelques violoncelles et trompettes ? Mais lequel de ces groupes n'a pas joué avec un orchestre symphonique à ses côtés ?

1. Scorpions
2. Deep Purple
3. Metallica
4. Kiss

15. Jeunes rebelles, drogués notoires... Que des idées reçues ! Les rockers sont de vrais enfants de chœur. Enfin presque tous, qui de ces quatre-là n'a pas chanté une chanson appelée *Hallelujah* ?

1. Happy Mondays
2. Jeff Buckley
3. Damien Saez
4. Franz Ferdinand

16. Laquelle de ces marques de vêtements est directement inspirée du rock et particulièrement du couple Pete Doherty/Kate Moss :

1. Petit Bateau
2. The Kooples
3. Diesel
4. Calvin Klein

17. Les fans au-delà de la mort peuvent acheter un cercueil (noir) portant le sigle de leur groupe préféré. De qui s'agit-il ?

1. Kiss
2. Iron Maiden
3. Sepultura
4. Metallica

18. Quel musicien et chanteur de rock progressif possédait quarante-trois fermes d'élevage de saumon ?

1. Phil Collins, de Genesis
2. Ian Anderson, de Jethro Tull
3. Axl Rose, de Guns N' Roses
4. Billy Corgan, de Smashing Pumpkins

1. 1, SCOT HALPIN / **2.** 2, OASIS / **3.** 2, L'EX-STAR DU FOOT ARGENTIN DIEGO MARADONA / **4.** 2, SID VICIOUS / **5.** 4 et 6, AC/DC et les BEE GEES rassemblent trois frères et non deux / **6.** 5, STARS AND STRIPES / **7.** 4, RICK ALLEN. Le batteur de Def Leppard a perdu son bras gauche en 1984 dans un accident de voiture. Simmons, un fabricant de batteries électriques, en a conçu une spécialement pour lui ; grâce à ça, et à son extraordinaire ténacité, Allen a poursuivi sa carrière et est resté un des meilleurs batteurs. / **8.** 4, ELVIS PRESLEY. Elvis se prénommait Elvis, mais fut surnommé « Pelvis » de manière ironique à ses débuts à cause de ses déhanchements suggestifs. / **9.** 2, TINA TURNER. Rien que pour sa tournée de 1990, 4 millions de spectateurs sont venus l'écouter ! / **10.** 2, UN COURT MOTIF MUSICAL, facile à mémoriser, repété plusieurs fois dans un morceau / **11.** 1, LE TITRE D'UNE THÈSE DE DOCTORAT EN ASTROPHYSIQUE SOUTENUE PAR LE GUITARISTE DE QUEEN, BRIAN MAY / **12.** 2 : LA CHANSON *OVERCOME* (DE CREED) a fait fuir quatre loups / **13.** 4, fondé par Jack White (ex-White Stripes), les RACONTEURS viennent de Nashville, aux États-Unis / **14.** 4, KISS / **15.** 4, FRANZ FERDINAND. Jeff Buckley et sa reprise de Leonard Cohen ont connu un succès mondial. Les Happy Mondays feront connaître le mouvement « Madchester » grâce à leur chanson, quant à Saez, son album *Jours étranges* comprend aussi un "*Hallelujah*". / **16.** 2, THE KOOPLES. La marque à la tête de mort créée en 2008 opte pour un style androgyne rock, et s'apprête aujourd'hui à créer son propre label musical. / **17.** 1, KISS. Le cercueil « Kiss Kasket », aux couleurs du groupe, et dédicacé par ses membres, est vendu pour la modique somme de 3 700 euros. Le guitariste de Panthera, Dimebag Darell, a été enterré dedans... / **18.** 2, IAN ANDERSON.

Pour aller plus loin

CINÉ, FILMS :
pour vous donner un aperçu des films qu'il faut voir (il y en a trop pour tous les citer)

L'Équipée sauvage,
de **Laszlo Benedek** avec Marlon Brando et Lee Marvin
(1953)

La Fureur de vivre,
de **Nicholas Ray** avec James Dean et Natalie Wood
(1955)

A Hard Day's Night,
de **Richard Lester** sur les Beatles
(1964)

Easy Rider,
de **Dennis Hopper**
(1969)

Sympathy for the Devil,
de **Jean-Luc Godard** sur les Rolling Stones
(1970)

Gimme Shelter,
de **David Maysles**
(1970)

The Last Waltz,
de **Martin Scorsese**
(1978)

Phantom of the Paradise,
opéra rock de **Brian De Palma**
(1974)

The Rocky Horror Picture Show,
film musical de **Jim Sharman**
(1975)

T'es **ROCK** ou t'es ringue ?

Tommy,
de **Ken Russell**
(1975)

The Wall,
d'**Alan Parker**
(1982)

The Doors,
d'**Oliver Stone**
(1991)

Wayne's World,
de **Penelope Spheeris**
(1992)

Le Péril jeune,
de **Cédric Klapisch**
(1995)

Year of the Horse,
de **Jim Jarmusch** sur Neil Young
(1997)

Shine a Light,
de **Martin Scorsese** sur les Stones
(2008)

Good Morning England,
de **Richard Curtis**
(2009)

Anvil, the Story of Anvil,
de **Sacha Gervasi**
(2010)

The Runaways,
de **Floria Sigismondi**
(2010)

Pour aller plus loin

SITES WEB À CONSULTER :

www.albumrock.net

www.lemouv.com

www.ouifm.fr

Le rock'n'roll a son musée, à Cleveland ! Voici son site :
www.rockhall.com/visit-the-museum/

Un blog totalement iconoclaste et décapant :
www.musiclodge.fr/article-23325703.html

Un florilège de citations de rockers, à ne pas manquer... :
http://citations.rock.free.fr/html/instruments.htm

BIBLIOGRAPHIE :

La Discothèque parfaite de l'odyssée du rock,
Gilles Verlant, Thomas Caussé,
éditions Hors Collection

Dictionnaire du rock,
Michka Assayas,
éditions Robert Laffont

Life,
autobiographie de **Keith Richards**,
éditions Robert Laffont

Histoire du rock,
Jacques Barsamian, François Jouffa,
éditions Tallandier

Wilderness,
Jim Morrison,
éditions Christian Bourgois (bilingue)

Index

Table des matières

T'es ROCK ou t'es ringue ?

**Tu veux épater tes potes,
ta famille, ton copain ou ta copine,
tes profs sur d'autres sujets ?**

**N'hésite pas à nous proposer
de nouveaux thèmes par mail :**
et-toc@gulfstream.fr
ou par courrier :

Gulf Stream Éditeur
Impasse du forgeron - CP 910
44806, Saint-Herblain cedex

À bientôt sur
www.et-toc.gulfstream.fr
et sur Facebook !

Dépôt légal 1ère édition : août 2011
Photogravure : Atelier Graphique TAG (Nantes)
Reproduit et achevé d'imprimer en août 2011 par Le Govic Imprimerie (Nantes)
pour le compte de Gulf Stream Éditeur, Impasse du Forgeron - CP 910 - 44806 Saint-Herblain cedex

www.gulfstream.fr